KB0106528

文在寅, 韓國에 災殃

무토 마사토시(武藤正敏)

1948년, 동경도 출신, 요코하마(橫浜) 국립대학 졸업 후 외무성 입성(入省), 한국어 연수후 대한민국에 있는 일본국 대사관에서 근무. 참사관, 공사를 역임. 전후로 아시아국 북동아시아 과장, 재오스트레일리아 일본 대사관 공사, 재호노룰루 총영사, 재쿠웨이트 특명전권대사 등으로 근무한 후 2010년 대한민국 특명전권대사로 취임. 2012년에 퇴임. 저서로「日韓對立의 眞相」「韓國의 大誤算」「韓國人으로 태어나지 않아서 다행이다」(悟空出版) 등이 있다.

文在寅, 韓國에 災殃

2020년 3월 30일 초판 인쇄
2020년 4월 1일 초판 발행

지은이 | 무토 마사토시(武藤正敏)
옮긴이 | 이 재 춘
펴낸이 | 박 기 봉
펴낸곳 | 비봉출판사
출판등록 | 2007-43 (1980년 5월 23일)

주 소 | 서울 금천구 가산디지털2로 98. 2동 808호(가산동, IT캐슬)
전 화 | (02) 2082-7444
팩 스 | (02) 2082-7449
E-mail | bbongbooks@hanmail.net

ISBN | 978-89-376-0482-9 03300

값 13,000원

MOON JAE-IN TO IU SAIYAKU
Copyright© Masatoshi Muto 2019
Korean translation rights arranged with
Goku Publishing Inc. trough Japan UNI
Agency, Inc. Tokyo

文在寅,

韓國에

災殃

한일 양국민을 불행하게 하다

비봉출판사

前 주한 특명전권대사
무토 마사토시 지음
이재춘 번역

저자서문

2017년 5월 10일, 그 전날에 시행된 투개표 선거 결과, 문재인 씨가 대한민국 제19대 대통령으로 취임했다. 내가 전에 쓴 책 『한국인으로 태어나지 않아서 다행이다』를 탈고한 것은 그로부터 약 2주 후였다.

책이 서점 가에 진열되기 전인 27일자 산케이신문(産経新聞)에 내용 소개가 되었다. 나는 몰랐었는데 나중에 들은 이야기로는, 그 다음 날부터 그 소개 기사와 관련하여 한국 언론이 큰 반응을 보였다고 한다. 먼저 보수 신문 중 하나인 동아일보 전자판이 다음 날 저녁에 동경발 "단독보도"(특종 기사라는 뜻)라 하며 산케이신문 기사와 출판사 홈페이지에 게재된 내용을 전하고, "전 주한 대사가 '혐한 서적'을 출판하여 논쟁이 예상된다" 등으로 보도하자, 밤이 되어 여타 주요 한국 각 신문사의 전자판들도 이를 전했다고 한다.

그리고 그 시점부터 엄청난 반향이 일었다.

그 다음 날 아침부터 한국 텔레비전을 통해서 크게 보도되기 시작했다. KBS, MBC, SBS 공중파 3국, 나아가 케이블 방송 각국의 뉴스 프로그램에서도 보도되었다. 확인한 바는 아니지만, 아마도 그 후 수일간에 걸쳐 뉴스를 취급하고 있는 전 방송에서 보도되었을 것으로 보인다.

그야말로 "집중포화"라 할 수 있는 것이었다. 한국에서의 이런 보도에 의해 일본에서도 SNS와 인터넷을 통해 비판이 이어졌다.
한국의 각 보도의 주된 취지는 "한국어를 구사하며, 동일본 대지진시에 한국 국민에게 감사의 뜻을 전했던 '친한파' 전 일본대사 무토(武藤)가 태도를 바꿔, 예전 부임국의 대통령을 비판하는 '혐한파' 속내를 보였다"는 것이었다.

'문재인 대통령은 경제무지', '이성보다 감정이 앞서는 한국인의 나쁜 면이 표출되었다', '문재인 대통령의 머릿속에는 북한밖에 없고 외교 안보도 경제정책도 모르는 포퓰리스트', '정책 실패 후 반일정책을 펼 것이다' 등의 내용에 대한 비판이 아닌 '이제 걸음마를 뗀 정권에 대해 왜 전 대사가 "실패한다"고 단언할 수 있는가? 소름이 돋는다' 라는 어감이었다.

나는 앞에서 쓴 책의 서장에서 밝혔듯이 '혐한' 서적을 출판할 생각은 일체 없었으며, 한국과 오랜 인연을 맺은 외국인의 입장에서 문재인 정권의 정책들이 한국에 어떤 결과를 초래할 것인지에 대한 예측을 하였고, 그 본질을 규명하기 위해 노력한 것이었는데, 한국 언론의 반응은 "비판할 입장이 아닌 자로부터 비판을 받았다는 점에 대한 분노"가 먼저였고, 책의 내용은 그 다음 문제였다.

당초 한국의 몇 언론사로부터 취재와 인터뷰 요청을 받았는데, 책을 읽은 후의 비판으로 느껴지지 않았다. 그 당시 한국에는 책이 없었기 때문에 읽을 수 없었던 시점이었다. 그런 상황 속에서는 내가 어떤 말을 해도 냉정히 들어줄 리가 만무했고 그렇게 다루어 줄 것 같지도 않아서 고사했다.

『한국인으로 태어나지 않아서 다행이다』는 나의 거짓 없는 소감이다. "치열한 경쟁 속에서 살아남아도 보상을 제대로 받지 못하고, 능력보다 태생 여하에 따라 좌우되고, 대통령이 되면 체포되는 가혹한 한국 사회는 나와 같은 연약한 인간에게는 너무나도 혹독한 환경이기 때문이다"라는 의미를 담은 것이었는데, 책 제목이 자극적이라서 위험했던 것이리라.

나 또한 품격 있는 제목이라고 생각한 것은 결코 아니었다. 그 생각은 지금도 마찬가지이다. 본래 한국인을 차별할 생각도 없고 그런 의도로 쓴 책이 아니라는 점은 읽어 보신 분들이라면 이해할 수 있을 것으로 생각한다.

단, 이 책의 제목 덕에 주목을 받게 되었고, 그 당시 그 누구도 지적하지 않았던 문재인 정권의 위기감, 대다수의 일본인과 한국인이 놓치고 있는 문제점, 나아가 장차 한일 양국이 안게 될 리스크를 널리 알렸다면 그것으로 족하다고 생각하고 있다.

반면에 나는 개인적으로 오해를 받고 "친한파 전 일본대사"로서의 이미지를 상실하고, "혐한파", "차별주의자"라는 일방적인 평가를 받게 되었고, 옛 친구를 잃었다. 인터넷상에서 매도당하기도 했지만 대국적인 차원에서는 감내할 수 있는 일이었다.

이는 "촛불집회"로부터 탄핵 발의, 파면, 그리고 대통령 선거라는 전대미문의 격동 속에서 당시 문재인 정권의 위험성을 상대적으로 이해하고 지적하는 사람은 거의 없었다(혹은 한국 국내에 있었더라도 두려워 말을 할 수 없었다)는 것을 시사하고 있다.

다행히 시간이 흐름에 따라 현실을 직면하면서 냉정히 저서의 지적을 받아들이며 평가해 주시는 분들이 생겨났다. 몇 건의 한국어판 번역 의뢰도 있었으나, 결국 한국인 대다수가 문재인 대통령을 열광적으로 지지하고 있는 상황 속에서 내용 자체가 받아들여지기를 기대하기는 어렵다고 판단했다. "한국어판까지 기어이 냈어?"라는 말을 들을 것이 뻔했다. 좀 더 냉정히 현 정권을 평가할 수 있을 때까지 기다려 보기로 했다.

그런 가운데에서도 광화문 근처에 있는, 한국을 대표하는 대형 서점인 교보문고 일본서적 판매 코너에서는 일본어 원서가 잘 팔렸고 출판사에도 추가주문이 계속 들어왔다고 한다. 읽어보신 소감을 일부러 메일을 통해 출판사로 보내주신 한국 독자들도 여럿 계셨다. "대사님의 한국 사랑에 감동했습니다. 대사님이 지적하시는 내용 그대로입니다"라고 하시면서.

또한 전해들은 바로는 한국어 번역판이 없었기 때문에 일본어를 구사하는 한국인 독자가 전작의 요지를 번역하여 인터넷을 통해 소개하는 경우도 많았다고 한다. 문재인 정권의 문제점과 위험성을 점차 실감함에 따라 마음에 의문이 생기기 시작하면, 대놓고 언급하기는 어려워도, 인터넷 사회인 지금이라면 정권과 언론의 영향을 받지 않는 생각에 접할 수 있다.

내 생각과 견해에 찬성해 주시는 것 자체가 중요한 문제가 아니다. 나의 지적이 새로운 시각을 갖는 단서가 된다면, 저자로서 매우 기쁜 일이다.

본서는 취임 후 2년이 지나고 이제 약 3년의 임기가 남아있는 문재인 정권의 현재를 검증하고 앞으로를 전망해 보았다.

앞에서 쓴 책에서 지적한 사항들이 현실이 되고 보니 앞서 지적한 내용들을 주워 담고 싶은 심정이다. 일본인들의 한일관계에 관한 무지와 무관심은 이와 무관하다고 할 수는 없겠지만, 내 예상을 훨씬 넘어서는 경제 실책, 남북관계, 한미관계를 축으로 한 외교문제에 관해서는 본서에서 특히 상세히 점검해 볼 생각이다.

그리고 일본인은 문재인 정권을 어떻게 파악하고 있으며, 이웃 나라, 이웃으로서 향후 어떤 관계를 수립해야 하는지에 관해서도 생각해 보기로 하자.

차 례

저자서문 ┃ 5

서장   한·일을 '적국'으로 찢어놓은 문재인

한·일 관계의 '붕괴'는 한국사회의 붕괴를 암시한다 ┃ 18
"모두들 내가 하는 말을 인정하라" ┃ 20
서로 '격하'를 계속하는 한일 ┃ 22
민주주의를 가장한 '유아독존 정권' ┃ 24
국민에 다가가는 포즈를 잘 취함 ┃ 26
문재인 정부의 다섯 가지 특징 ┃ 29

제1장   전저 "한국인으로 태어나지 않아서 다행이다"의 검증

전저에서 예상할 수 있었던 것과 없었던 것 ┃ 36
문재인 정권 탄생의 배경은 '정상이 아니었다.' ┃ 41
이상할 정도로 높은 지지율이 낳은 오만 ┃ 43
남북 관계, 미북 관계라는 '새로운 맛' ┃ 46
경제정책은 무참할 정도로 실패 ┃ 51
국민의 분열을 선동하는 문 정부 ┃ 54
'친일'이야말로 한국 발전의 주인공이었던 현실 ┃ 58
민주주의에서 가장 먼 정권 ┃ 60
선배나 중진들의 간언도 들은 척 만 척 ┃ 63
국내 평가도 낙제급 ┃ 66

제2장   대북/대미·중 외교−고립되는 한국

판문점 회담을 거쳐도 변함없는 하노이 '참사' ▮ 70

북한은 핵을 포기할 생각이 없다 ▮ 72

'평화' 퍼포먼스 뒤편에서 ▮ 74

김정은과 입을 맞춘 문재인 ▮ 78

트럼프는 어느 시점까지 문재인을 믿고 있었을까? ▮ 80

미국 대통령과의 대립 ▮ 82

전 세계로부터 패싱당하는 친북 대통령 ▮ 86

'선박 환적 대책'을 하지 않는 한국에게 제재를 ▮ 89

한국 언론은 왜 제재위반 의혹을 검증하지 않나 ▮ 92

'평화' 뒤편에서 탈북자들은 울고 있다 ▮ 93

안보를 소홀히 하는 대통령 ▮ 97

한국을 속국 취급하는 중국 ▮ 100

G20으로 대가를 치르게 될 것 ▮ 103

이대로 가다간 '통일조선'이 된다. ▮ 106

미국은 왜 '노딜'에서 멈춰 섰을까 ▮ 108

시간은 김정은 편이 아니다 ▮ 110

예측되는 세 가지 시나리오 ▮ 112

일본은 국제사회를 지렛대로 삼아야 ▮ 116

제3장 민주주의의 가면을 쓴 독재정권

대한민국을 부정하고 빼앗다 ┃ 120

행정조직 간부들로 파견되는 정치활동가들 ┃ 122

'내로남불' - 측근에게는 너그럽게, 라이벌에게는 엄격하게 ┃ 126

박근혜 정부가 더 청렴한 이유 ┃ 129

의욕과 기능을 잃은 어설픈 외교부 ┃ 132

독립성을 잃고 정권에 지배된 사법 ┃ 136

"고위 공직자 비리 수사처"는 독재의 도구인가 ┃ 139

의회 지배를 위한 선거제도 개편 ┃ 142

레이더 갈등 문제의 국내적 이유 ┃ 143

언론이 가담하는 독재체제 ┃ 148

해외 언론에까지 압력을 가하는 집권여당 ┃ 150

젊은이를 '북한 인민'으로 만드는 전교조 ┃ 153

대학 대자보에 그려진 '문재인 왕' ┃ 155

보수에게도 문제와 책임이 있다. ┃ 157

독재정권을 계승할 사람은 누구인가 ┃ 158

제4장   경제와 국민생활을 파괴하는 지도자

예상대로 경제 재앙이 일어나 버렸다 ▮ 162

무능한 〈고용정부〉가 속이는 진짜 실업률 ▮ 166

'소득주도 성장'이라는 최악의 경제정책 ▮ 170

점차 '그리스화' 되어가는 한국경제 ▮ 174

반도체의 급락과 진퇴양난의 삼성 ▮ 178

토요타, VW보다 비싼 한국 자동차산업의 인건비 ▮ 180

일본인들이 이해하기 어려운 한국의 노조 문제 ▮ 183

문재인에게도 골칫거리인 민주노총 ▮ 186

재계를 적대시하는 정권, 면종복배의 경영자들 ▮ 189

경제는 '신념'만으로는 절대 안 된다 ▮ 192

재벌 재계는 스스로를 다스릴 때가 됐다. ▮ 195

제5장   한일관계를 붕괴시킨 무책(無策)

"한일관계, 최악은 아니다!" ▮ 200

문희상 의장이 지일파로 불리는 허술함 ▮ 203

무신경하고 서툰 정권 ▮ 208

'위안부 문제'를 '미해결'로 하는 논리 ▮ 210

국제법보다 자국의 '정의'를 우선시 ▮ 214

내가 문재인 정권을 용서할 수 없는 이유 ┃ 215
입맛에 맞게 일본 탓으로 돌리는 무책임함 ┃ 219
위안부 장례식에서 웃는 얼굴로 기념촬영 ┃ 222
한국에서 달아나는 일본 기업 ┃ 226
문재인의 아버지는 '친일'인가 ┃ 229
문 정권 이후를 생각해 보자 ┃ 232
세계 제일의 '반일'이며 세계 제일의 '친일'인 한국인들 ┃ 240

제6장 한국인도 일본인도 문재인에게 'No'를

문재인은 이미 '진짜 재앙'이다. ┃ 244
한국인은 문재인을 언제 단념할 것인가? ┃ 245
보수정당이 반드시 해야 할 일은 무엇일까 ┃ 248
팩트와 데이터에 근거한 새로운 정치를 ┃ 251
큰 그림을 그리기 위해 지금이야말로 현대사를 배워라 ┃ 254
한일 파트너십 선언을 생각해 보라 ┃ 255
용일(用日) 용한(用韓)으로 족하다 ┃ 259
마구잡이식 '혐한(嫌韓)'은 문재인이 바라는 바 ┃ 261
마무리를 히며 ┃ 265

역자후기 ┃ 268

서 장

한·일을
'적국'으로 찢어놓은 문재인

한·일 관계의 '붕괴'는 한국사회의 붕괴를 암시한다

많은 일본인들에게 있어서 문재인 정부의 문제점으로 가장 먼저 머리에 떠오르는 것은 '징용공 문제'나 '위안부 문제', '레이더 조준 문제' 등을 둘러싸고 너무나도 독선적인 행동, 일본 측의 제안이나 일본인의 마음은 무시하고 관계 악화가 진행되는 상황을 만들어내고, 그것이 얼마만큼 진행이 되건 사실상 방치한 채 생각조차 하지 않으려 하는 그 무책임함일 것이다.

문재인 정부는 일본에게 있어서 사실상 '준 동맹국'이었던 한국을 안타깝게도 '준 적국'으로 생각해도 될 정도의 존재로 만들었다. 여러 문제를 지혜와 용기로 극복하는 것을 완강하게 거부하고, 예전 같으면 통했을 루트에서 들려오는 말조차 들으려고 하지 않는다. 일본인이 당혹감을 느끼는 것은 지극히 당연한 것이며 정당하다.

동시에 박근혜 정부의 붕괴에 열광하며 '민주주의의 승리'라 믿고, 화려한 정치 쇼를 펼치는 남북대화와 '평화의 도래'에 도취하고 있던 한국 국민들도 남북관계에서조차 미·북으로부터 패싱 당하고, 그리고 그 이상으로 더 잘 안 되고 있는 경제나 외교의 현실에 대해 깨닫기 시작하고 있다. 이제 와서 접근방법은 다르지만 "문재인 정부에는 문제가 많은 것이 아닌가"라는 의미에서는 조금씩 한·일의 '보통 사람들' 사이에서 보조가 맞기 시작했다.

문재인 정부도 당연히 그것은 어느 정도 느끼고 있는 것 같다. 그러나 이런 사태를 고치지 않는 것이 문재인 정부의 특징이다. 그들은 그들의 이상과 목표를 실현하기 위해 앞으로 주변의 눈을 아랑곳하지 않는 수단을 강구할 것이다.

안타깝게도 그것은 보통의 한국인이 꿈꾸던 '민주주의의 승리'와는 거리가 먼 독재정권화이며, 진보들에 의한 '20년 정권 실현'을 위한 포석이다. 더 직접적으로 말하자면 '혁명의 달성'과 '반대파의 숙청, 탄압'이다.

나는 본서에서 문재인 정부의 오늘까지를 분석하고 향후를 예측하기 위한 견해를 크게 두 개의 구도를 사용해서 지적하겠다. 이는 본서를 통해 일관되어 있다.

그 중의 하나는 "일본인의 눈에 비친 한일관계의 악화야말로 한국사회 전체가 붕괴되어 가는 현상을 반영하고 있다, 또는 더 심각해지는 미래를 암시하고 있다"는 프레임이다. 즉, 한일관계의 데드락(deadlock)은 그대로 한국사회의 가까운 미래를 예견하기 위한 축도가 되는 것이다. 이에 대해 찬찬히 설명하도록 하겠다.

"모두들 내가 하는 말을 인정하라"

현재의 한일관계가 안고 있는 문제는 매우 안타깝게도 문제를 어떻게 해결할지를 논의하기 이전의 문제로서, "한국은 항상 바르므로 일본은 겸허히 그것을 따라야 한다"는 이른바 "논쟁할 여지없음"이라는 문재인 정부 측의 자세에 있다.

그것이 극명하게 드러난 것이 2019년 1월 10일, 청와대에서 있었던 신년 기자회견에서 NHK의 다카노히로시(高野洋) 서울지국장이 질문한 내용에 대한 문재인 대통령의 답변이었다.

그 전날 9일에는 강제 '징용문제'에 관한 중요한 움직임이 있었다. 일본 측에 배상을 명한 한국 대법원의 판결을 받아 대구지방법원 포항지부가 신일철주금(新日鐵住金: 현 일본제철)에게 주식차압 통지서를 송부한 것이다.

이에 대해 다카노 지국장은 일본 정부가 한국 정부에 한일청구권협정에 따른 협의를 요청한 것에 대한 대응, 그리고 한국 정부 주도에 의한 재단설립 등의 가능성에 대해 물었다.

그러자 문재인 대통령은 놀랄만한 반응을 보인 것이다.

"(징용공 문제는) 한국 정부가 만들어낸 문제가 아니다."

"한일 기본협정은 체결했지만 그것으로 다 해결되지 않았고 문제는 아직까지도 이어지고 있다."

"일본은 역사 문제에 관해 좀 더 겸허한 입장을 가져야 한다."

"(이 문제를 일본 정부가) 정치 쟁점화 시키는 것은 현명한 태도가
아니다."

"대법원 판결에 한국 정부는 관여할 수 없다."

"일본은 불만이 있을지라도 한국의 사법부 판결을 존중해야 하
며 어쩔 수 없다는 인식을 가져야 한다."*

등으로 말한 것이다. 나는 오랜 외교관 생활에서 한 나라의 최
고책임자가 이렇게 결례되는 발언을 하는 것을 들어본 적이 없다.

"겸허한 입장을 가져야 한다"는 말은, 요컨대, "본래 일본 측
이 나쁘기 때문에 한국 측이 말하는 것은 모두 인정하라." "변명
의 여지도 없고 들을 필요도 없다."는 것이다. 오랫동안 쌓아 올
린 양국 간의 관계, 그것도 이웃나라와의 외교 문제를 뒤집어엎고
마치 결론이 정해진 인민재판처럼 생각하고, 더구나 공공연하게
기자회견에서 아무렇지도 않게 개진하다니, 이는 국제관계에서
있을 수 없는 일이다.

이 질문이 나오기 전까지 강제징용 문제나 레이더 조준 문제로
당시 흔들리고 있었던 한일관계에 대한 언급은 전혀 없었고, 게다
가 이처럼 대답한 후에 문재인 대통령은 쓴웃음을 지으며, "다카

---

* 역주: 번역이 이중으로 될 것 같아 기자회견장에서 문대통령이 발언한 그대
로 적었다.

노 지국장을 지명한 것이 아니라 그 뒤에 있는 여기자를 지명했었다"고 〈고백〉했다.

즉, 보도담당자가 다카노 지국장에게 마이크를 건네고 지국장이 자신이 지명되었다고 오해하지 않았으면 (또는 고의였는지도 모르나) 대통령은 한일관계에 대해 말할 의사가 없었다는 것이다. 그것이 진짜라면 예정되어 있지 않았던 질문에 대한 답변은 사전에 준비되어 있지 않았고, 따라서 문재인 씨의 생각이 여실히 드러난 것이라고 볼 수 있을 것이다.

서로 '격하'를 계속하는 한일

이런 문재인 정권에 대해 일본의 '외교청서'는 2019년 판부터 한국에 대해 '미래지향'에 대한 언급을 삭제했다. 이른바 '격하(강등)'이다.

예전에 외교청서는 한일관계를 "자유와 민주주의, 기본적 인권 등의 기본적 가치를 공유하는 중요한 이웃나라"로 규정하고 있었으나, 2015년부터는 "일본에게 가장 중요한 이웃나라"라는 표현에 그치고, "자유와 민주주의, 기본적 인권 등의 기본적 가치를 공유한다"는 문구는 삭제되었다.

위안부 합의 등을 거쳐 한일관계가 개선되자 2016년부터는 "전

략적 이익을 공유하는 가장 중요한 이웃나라"라는 표현이 되기는
하지만 이것은 2018년에는 삭제되었으며, "상호신뢰 하에 한일관
계를 미래지향적인 신시대로 발전시켜 간다"는 내용으로 바뀌고,
드디어 2019년부터는 "미래지향적"이라는 문구도 사라졌고, "한
국측에 의한 부정적인 움직임이 잇따르고 한일관계는 매우 어려
운 상황에 직면했다"고 단언하는 이례적인 인식으로 변했다.

이는 한국측도 마찬가지이다. 2018년 판의 국방백서에서는
2010년 이후 표기되어 있던 북한의 정권과 군에 대한 '적'이라는
표현이 사라진 것에 비해, 일본에 관한 기술에서는 "자유민주주
의와 시장경제의 기본가치를 공유한다"는 표현을 삭제하고, 한·
중 관계를 한·일 관계보다 더 중요시하는 순서로 바꿨다. 예전
이라면 절대로 일어날 수 없는 일이었다.

하긴 더 이상 한일 간에 큰 경제격차가 있는 시대가 아니라 한
국에 대한 일본의 이용가치는 상대적으로 떨어지고 있다. "일본
뭣 하는 놈들이냐"라는 분위기는 국민들에게 받아들여지기 쉬운
일이기 때문에 문재인 정부로서는 그 분위기를 잘 티시 이용할 면
이 있을 것이다.

요컨대 문재인이 하고 싶은 말은 연초의 기자회견처럼 "일본은
겸허해져라", "모두 내가 하는 말을 인정하라", "대화할 여지는

없다. 그것이 한국인 모두의 총의다"고 하는 것이다. 일본인은 물론 세계의 어떤 주권국가든 도저히 이와 같은 독선적인 주장은 받아들일 수가 없다.

박근혜 정부가 체결한 2015년도의 위안부 합의도 70~80%의 위안부가 수용할 의향을 나타냈음에도 불구하고, 문재인 정부 측에 가까운 20~30%가 수용할 수 없다는 것을 이유로 "국민은 정서적으로 수용 못한다"며 사실상 파기하고 "화해치유 재단"도 마음대로 해산시켜버렸다. 자신의 생각이 바른 것이므로 다른 의사는 신경도 쓰지 않는 것이다.

징용공 문제도 똑같다. 청구권 협정에는 쌍방의 생각이나 견해가 장래에 만일 달라질 경우에 대비해서 협의사항이 포함되어 있는데, "내가 바르기 때문에 논쟁할 여지가 없다", "협의를 요청하는 일본의 태도야말로 이상하니 겸허하게 태도를 고쳐라"라고 하는 것이니 말이 통하지 않는다. 이렇게 해서 한국과 일본은 문재인 대통령에 의해 서로 '적국'과 같은 상황이 된 것이다. 안타깝게도 내가 앞서 출간한 책의 내용대로 되어버린 것이다.

민주주의를 가장한 '유아독존 정권'

이러한 성향은 혁명 정권의 특징적인 언동이라고 단언할 수 있다. 스스로 나아가는 혁명을 방해하는 세력의 언동에 배려할 필요는 없고, 그저 따르기만 하면 된다. 따르지 않으면 힘으로 따르도록 할 따름이라고 하는 말과 같기 때문이다.

한일관계뿐만이 아니다. 한국의 국내 문제에 대해서도 문재인 씨는 이와 비슷한 반응을 보인다. 경제 정세가 악화되어도, 미 · 북 협상이 암초에 걸려도, 그것을 지적하고 비판하는 세력을 모두 "혁명 정권을 방해하는 존재"로 간주한다. 그렇기 때문에 상대할 필요가 없다고 생각한다. 오히려 "당신들이 겸허하게 태도를 고쳐라"는 말만 되풀이하고, 암암리에 반대 세력에 대한 제재를 드러내 보이는 것이다. 좋게 말하면 이념 우선, 나쁘게 말하면 독선적이고, 합리적 사고는 항상 뒷전이다.

나는 이전에 쓴 책에서 "문재인 정권은 노무현 정권의 재판"이라고 말했으나, 이에 대해 창피를 무릅쓰고 나는 잘못 생각했었다고 고백하지 않을 수 없다.

왜냐하면, 실은 그 몇 배나 심하기 때문이다. 노무현 정부 쪽이 훨씬 현실적인 시야를 겸비하고 있었다. 노무현 대통령은 당시 미국의 의향을 수용해 국내의 반대를 물리치고 이라크에 군대를 파견했고, 남북관계 개선에서도 미국의 의향을 무시하거나 속여서까지 강행하는 일은 없었다.

노무현 씨 자신에게 그것은 본의가 아니었다고 하더라도, 적어도 이념만 가지고 하는 것이 아니라 미국을 두려워할 줄 아는 정도의 현실 감각은 겸비하고 있었던 것이다.

"문재인 정부에게 가장 실망하고 있는 것이 고 김대중, 고 노무현 두 전 대통령일 것이다"라고 한국의 신문도 지적하고 있다. 그것은 바로 문재인 대통령이 얼마만큼 현실을 무시하고 있는지에 대한 방증이라고 할 수 있을 것이다. 필자의 지인인 서울대 명예교수는 "문재인은 현실주의자니까 걱정 없다"고 했으나, 과연 그가 사람을 잘못 본 것인지, 아니면 문 대통령이 변했는지….

분명히 말할 수 있는 것은, 문재인 씨는 과대망상증에 걸려 있다. 자신들의 '숭고한 이념'이 모든 것에 우선하는 유아독존을 관철하고 있고 만용이 무지보다 중요하다고 생각하고 있기 때문이다.

국민에 다가가는 포즈를 잘 취함

그 결과 지금은 행정 경험도 없고 식견도 없는 '정치 운동권' 출신이 봉건시대의 논공행상처럼 국가기관이나 외곽단체의 장을 맡아 행정을 지배하고 있다. 즉, 아마추어 집단의 정권인 것이다.

지금도 문재인 정부를 지지하고 있는 한국인들은 문재인 씨가 촛불집회(그들의 표현으로는 "촛불혁명")에 의해 탄생한, 민주주의의 승리를 몸으로 체현한 자라고 생각하고 있겠지만, 실태는 탄핵과 선거라는 정통적인 민주주의적 절차 시스템을 이용해서 민주주의를 가장 우롱하고 있는 그룹이라 할 수 있다.

본래 박근혜 정부, 혹은 박근혜 씨 자신이 결점이 있었다고는 하지만 탄핵할 필요까지는 전혀 없었다. 박 전 정부는 문 정부보다 훨씬 깨끗한 정부였던 것이다. 문제점에 대해서는 정권을 유지하면서 개선을 하면 되는 것뿐이었다.

그것을 무리하게 부풀리고, 파면할 정도의 이유가 없었지만 헌법재판소가 그런 판결을 내리게 만들어 버릴 정도로 민심을 불타오르게 한 것은 민주노총(전국민주노동조합총연맹)이며, 그 산하의 전교조(전국교직원노동조합)이다. 모두 친북 단체이다. 그리고 언론은 침소봉대하며 선동했다. 아직도 "많은 날조된 보도가 있었던 것이 아닌가?"라고 의심하는 사람이 많다.

"그런 어이없는…"이라고 생각할지 모르겠으나, 원진히 틀린 견해는 아니라고 생각한다.

나치도 민주주의적 절차를 밟아 정권을 손에 넣었다. 그 원동력이 된 것이 선전선동이다. 교묘한 말로 허(虛)와 실(實)을 적당히 섞어서 국민을 선동하고 독재정권을 만들어냈다. 나의 눈에는 문재인 정부도 그런 수법을 참고로 하고 있는 것으로 보인다. 행정 능력이 결여되어도 혁명을 달성하기 위해서는 이념을 전면에 내걸고 국민으로부터 그 무능함을 끝까지 숨기면 된다고 생각한 것은 아닐까. 그런 점에서는 실로 수완이 좋은 정권이다.

그렇기 때문에 실정(失政)을 나타내는 수치를 잇달아 보여줘도 "그래서 뭐?"라며 적반하장의 태도를 취할 수 있다. 처음부터 데이터에 따른 문제 해결 같은 것은 목표로 하지도 않았고, 그와 같은 정책을 실행할 마음도 없었기 때문이다. 이념을 추구하기 위해서라면 현실 따위는 아무래도 상관없는 것이다.

당연한 결과로서, 훌륭한 이념과는 정반대로 실정의 연속이다. 웃으면서 국민에게 다가가 "모든 사람들을 포용하겠다"고 주장하는 문재인 씨지만 그 의사에 반해, 혹은 예정대로일지도 모르나, 실제로는 많은 국민들의 의사와는 다른 나라를 만들어 내고 있다. 문재인 정권이 다가가는 것은 자신을 지지하고 있는 혁명세력뿐이다.

그 대표적인 예가 경제문제이다. 문재인 정부가 들어선 후부터 좋은 일은 아무것도 없다고 할 정도의 참상이다.

문재인 정부는 경제정책으로서 '공정경제', '혁신성장', '소
득주도성장'을 내걸고 있다. 그 내용은 일단 접어두고, 결과의 책
임은 모두 정부가 져야 한다. 결국 경제가 잘 굴러가지 않고, 실
업률은 개선은커녕 악화되고, 고용뿐만 아니라 투자, 생산, 소비,
수출 등 모든 것이 쇠퇴하고, GDP 성장률은 마이너스가 되고, 나
아가 미·중 무역 전쟁으로 인한 세계경제의 둔화 파고가 엄습하
려 하고 있다. 잿더미 위에서 일어나 65년에 걸쳐 간신히 도달한
1인당 GDP 3만 달러는 어떻게 될 것인가?

이뿐만이 아니다. 도움을 필요로 하는 약자들의 삶을 문재인 정
부의 경제정책은 파괴해 가고 있다.

문재인 정부의 다섯 가지 특징

나는 전에 쓴 책에서 문재인 정부가 노무현 정부의 정책을 답습
할 것이라는 생각으로 한일관계, 한국경제, 북한을 둘러싼 안보정
세가 곤경에 처할 것이라고 예측했다. 이 예측은 불행하게도 적중
했고, 오히려 그 이상으로 악화되고 심각해지고 있다.

늦어졌지만, 이제 두 번째 구도를 설명하겠다. 지난 2년간을 지
켜본 결과, 문재인 정부는 가공할 만한 혁명정권이며, 어떤 정책
분야든 그 결점은 결국 다음과 같은 다섯 가지로 요약할 수 있다.

문재인 정부는 한국에 큰 피해를 가져다 줄 정권이다. 한일관계는 대통령이 바뀌면 고쳐지겠지만, 쇠퇴한 나라를 일으켜 세우는 것은 쉬운 일이 아니다. 그런 의미에서 한국인에게 있어서도 불행한 정권이라고 나는 생각한다.

이와 같은 상황을 감안하여 본서는 지금부터 모든 분야에서 아래의 다섯 가지 키워드를 통해 문재인 정부를 검증, 비판해 보겠다.

(1) 현실 무시
(2) 한 입으로 두 말 하기
(3) 무오류(無誤謬)와 변명
(4) 국익 무시
(5) 무위무책(無爲無策)

(i) 현실 무시 —— 문재인 정부는 명백히 일어나고 있는 현실을 파악하지 못하거나 아예 파악할 생각이 처음부터 없다. 보고 싶은 것만 보고, 보고 싶지 않은 것은 무시해 버린다. 어떨 때는 실상을 제시하는 자를 비판하기도 한다. 베트남 하노이에서의 미·북 회담이 결렬된 이후에도 북한이 "비핵화한다"고 주장하고 있는 지도자는 세계에서 문재인 씨밖에 없다. 국제적으로 아무리 냉소를 받더라도 무시할 수 있다. 동시에 경제문제에 대해서는 "실정(失政)이 아니라 시간이 걸리고 있을 뿐이다"라고 반복해서 말하

고 있다.

(ii) 한 입으로 두 말 하기 –– 때와 경우에 따라 말하는 것이 달라지거나 또는 모순된다. 더구나 그것을 인정하지 않거나, 인식할 능력이 없는지, 일본과는 "미래 지향적으로"라고 말하면서 그런 대응을 하지 않는다. 미·북에 대해서 '가교' 또는 '운전자' 등이라 말하며 적당히 말을 나누고 있지만, 그 후에 능력이 없었다는 것이 드러나 파탄이 초래된다. 같은 행위나 실패에 대해서도 대통령이나 정권 측, 여당 측이 하는 것에 대해서는 관대하고, 전 정권이나 야당 측이 잘못하면 비판한다(이른바 '내로남불(내가 하면 로맨스, 네가 하면 불륜')). 박근혜 정부 시절의 정부 예산을 비판하면서 '채무가 GDP 대비 40%를 넘으면 위험하다'고 했었지만, 지금은 문재인 씨 자신이 그 기준을 무시하고 퍼주기 재정을 이어가고 있다.

대통령이 가장 중요시해야 하는 일 중의 하나는 국민의 화합을 도모하는 것이다. 문재인 씨는 취임연설에서 '국민의 화합'을 언급했으나, '적폐청산'에 대해서는 말하지 않았다. 정권을 잡은 후 하고 있는 일은 후자이며, '국민의 분단'이다. 조선일보 주필은 '문 씨의 취임연설은 거짓의 향연'이라고 말했다.

(iii) 무오류(無誤謬)와 변명–– 잘못이나 책임을 인정하려는 마음

이 없고 오히려 고집을 부린다. 변명과 급조한 정책으로 상황은
나빠지기만 한다. 실업대책이라며 노인들의 임시고용을 늘려 실
업률 개선을 지향하거나, 경제 악화는 어디까지나 외부환경 탓이
라며 변명하기도 한다. 자신에게 비판적인 의견을 가진 지식인들
과는 교류하려 들지 않는다. 문재인 씨는 박근혜 전 대통령과 마
찬가지로 식사를 혼자서 할 기회가 많다고 한다. 한일관계에서도
레이더 조준 사실을 왜곡하고 어이없는 변명만 늘어놓는다.

(iv) 국익 무시―― 국익을 위한 정책을 생각하는 것이 아니라
'진보' 정권의 지속성을 최우선으로 삼고 있다. 정책은 그것을 위
한 도구에 지나지 않는다. 국익보다 자신들의 '올바름'을 우선하
고, 한일관계를 파괴하고, 잘 알지도 못하는 경제문제를 마음대로
주물러서 자국민을 궁지에 몰아넣고, 전 세계의 지도자들에게 사
전 조율도 하지 않고 북한에 대한 제재완화를 외치고 다니며, 해
외 정부와 미디어에게 백안시당하고 있다. 하긴 이는 남북통일 그
자체보다 우선 '평화'라는 이미지, 분위기를 이용하고 싶은 것이
다.

(v) 무위무책(無爲無策)―― 현실에 맞지 않기 때문에 문제를 인식
하지 못하고, 인식해도 객관화할 수 없기 때문에 유용한 개선책을
생각할 수 없다. '징용공' 문제의 해결책을 제시하지 않는다. 화
웨이(華爲: Huawei) 대응에 있어서도 민간 기업에 다 내맡기고 정

부의 지침을 제시하지 않는다. 한국 외교의 무위무책으로 인해 이미 남북문제, 한미관계, 한일관계, 기타 외교안보 문제 그리고 경제 등 모든 면에서 사실상 사방팔방이 막힌 상태이다.

그럼에도 불구하고 아직까지도 40% 대의 지지율이 유지되고 있다는 것이 신기하지만, 그럴 만한 배경이 있다.

우선은 문재인 정부의 지금까지의 실정을 보도록 하겠다. 이것을 아는 것은 향후의 한일관계를 고려해 볼 때 일본인에게도 큰 참고가 될 것이다.

제 1 장

전저 "한국인으로
태어나지 않아서 다행이다"의 검증

전저에서 예상할 수 있었던 것과 없었던 것

2년 전에 쓴 나의 책 『한국인으로 태어나지 않아서 다행이다』는 문재인 정권이 출범할 당시에 저술했으나, 거기에서는 각각 5가지 주제에 따라 신정부의 전망을 분석, 검증했다.

(1) 문재인이라는 인물, 박근혜 전 대통령 파면과 문재인 정부 탄생 배경에 있는 문제
(2) 악화일로의 한일관계, '위안부' 합의나 '징용공 문제'의 행방
(3) 외교, 안보, 경제 모두 문재인 씨는 무지무책(無知無策), 한국은 고립을 심화한다.
(4) 한국인이 직면하고 있는 어려운 현실(청년, 고령자, 구조조정, 재벌과 노조)
(5) 북한 정세는 어떻게 될 것인가, 문재인 대통령의 대북정책은 어떻게 될 것인가?

이 책은 당초에 전 주한 대사가 출간하는 책의 제목으로 적절한지에 대한 논쟁이 있었으며, 특히 한국에서는 주요 언론에서도 다뤘고 비판의 집중포화를 맞았다. 그러나 정부 출범 후반부를 지날

즈음부터 보수층을 중심으로 "그 내용은 틀리지 않았다"며 점차 냉정하게 받아들여지게 되었다. 내가 쓴 책이 받아들여지는 것은 감사하기도 하지만 현 정부에 대한 바람직하지 않은 예상이 현실화되고 있다는 것이 암담하기만 하다.

책에서도 말했다시피, 나는 전직 외교관, 전직 공무원으로서 생각할 수 있는 최악의 사태를 예측하고 제시했기 때문에 그것이 '맞았다' 든지 "지금 생각해 보니 마치 '예언'과 같이 정확했다"라는 식의 말을 들어도 순수하게 기뻐할 수가 없다.

더구나 예상했던 것 이상으로 나쁜 상황이 현실화되고 있다. 저자가 이번 책을 쓰려고 결심한 것은 전에 쓴 책에서 예상할 수 없었던 문재인 대통령의 '현실 무시', '독선과 오만에 따른 정치'를 재차 독자들에게 알리고, 그런 다음에 일본인으로서 장래를 전망하기 위해서이다.

정권이 출범한 후, 북한 문제에 관해서는 내가 전작을 출간했을 시점에서는 예상할 수 없었던 사태가 있었다. 그 후 남북정상회담뿐 아니라 세 번의 미·북 정상회담까지 열렸기 때문이다. 그러나 문재인 정부는 김정은 국무위원장의 "최소한의 비핵화 포즈로 제재를 완화시키자"는 책략에 속아 김 위원장의 '수석대변인' 역할을 맡게 된다.

그 결과 문 정부는 비핵화를 요구하는 국제사회의 여론과 괴리
가 생기기 시작했다. 게다가 문 정부가 지정학을 이해하지 못하고
북한에 대한 제재완화, 경제협력을 추진하는 데 열중했기 때문에
그 외교는 각국으로부터 신뢰를 잃고 한국의 고립이라는 상황을
초래하고 있다.

이 장에서는 과거 2년간을 돌아보고 정부 탄생부터 2019년 전
반부까지의 문재인 정부가 무엇을 해왔는지 정리를 하고자 한다.
우선 문 정부 탄생 후의 한국의 주된 움직임을 재확인하고자 한
다.

● 문재인 정부를 둘러싼 주요 일지

2016년 12월: 한국 국회, 박근혜 대통령 탄핵소추안을 통과시킴

2017년 2월: 삼성전자 이재용 부회장, 뇌물 등의 혐의로 체포

2017년 3월: 한국헌법재판소 박 대통령을 파면, 그 후 검찰 체포

2017년 5월: 문재인 씨가 한국 대통령으로 당선, 취임

　　　　　경제는 '소득주도성장'

　　　　　"조건이 되면 평양에도 간다."

　　　　　일본에 대해서는 "투트랙 외교"

　　　　　지지율 84%(한국갤럽조사)

　　　　　㈜ 취임연설에서는 적폐청산이나 친일 배척을 언급하
　　　　　　 지 않음. 오히려, 전 국민의 대통령이 되겠다고 융

화적인 자세를 취하고 있었다.

2017년 8월: 취임 100일째 기자회견에서 "전 징용공의 개인청구권은 소멸하지 않았다"는 발언을 함

2017년 9월: 북한, 6번째 핵실험(수소폭탄급). 미군, 한국에서의 THAAD 운용을 본격적으로 시작

2017년 10월: 한중 통화스와프, 3년 연장으로 합의

2017년 12월: 문 대통령이 중국을 국빈방문, 이례적인 "냉대"

2018년 1월: 김정은, 신년사에서 평창동계올림픽 참가, 남북대화 의사를 표명. 한국, 최저임금을 전년 대비 16.4% 인상

2018년 2월: 평창 동계올림픽, 북한선수단, 김영남 최고인민회의 상임위원장, 김여정 씨 방한. 한국 롯데 시게미치 아키오(신동빈) 회장에게 뇌물죄 등으로 실형 판결, 구속됨(10월 항소심에서 집행유예 판결, 석방)

2018년 3월: 이명박 전 대통령, 뇌물수수 혐의 등으로 체포(이듬해 3월 몸 컨디션이 악화되어 보석)

2018년 4월: 박 전 대통령, 1심에서 징역 24년 판결(8월 2심에서는 징역 25년이 됨). 사상 세 번째 남북정상회담(판문점 한국 측 시설), 다음 달에도 회담을 실시

2018년 6월: 사상 최초 미북 정상회담(싱가포르). 통일지방선거, 국회의원 보선으로 "더불어 민주당" 압승

2018년 9월: 문 대통령 평양을 방문, 5번째 남북정상회담

2018년 10월: 한국대법원, 신일철주금에 전 징용공에 대한 손
　　　　　　 해배상을 명하는 판결

2018년 11월: 위안부 합의에 의한 '화해 치유재단' 해산, 합의
　　　　　　 를 사실상 무효화

2018년 12월: 한국 구축함에 의한 해상 자위대 초계기에 '레이
　　　　　　 더 조준' 사건. 문 대통령 지지율, 처음으로 지지 안
　　　　　　 함이 지지함을 상회함(한국 갤럽조사)

2019년 1월: 한국, 최저임금 전년 대비 10.9% 인상, 양승태 전
　　　　　　 대법원장 '징용공' 재판 연기 등의 혐의로 체포.

2019년 2월: 문희상 한국 국회의장 외신 인터뷰에서 "전쟁범
　　　　　　 죄 주범의 아들 일왕이 위안부에게 사죄해야 한다"는
　　　　　　 발언을 함. 미북정상회담(베트남 하노이) 사실상 결렬

2019년 3월: 3.1운동 100주년 "친일잔재 청산"을 호소

2019년 4월: 문 대통령 방미, 한미정상의 "단독회담은 단 2
　　　　　　 분" 19년 1-3분기 한국 GDP 성장률 10년 만에 전기
　　　　　　 대비 마이너스로

2019년 6월: 한국, 일본의 중재위원회 설치 요청을 사실상 거
　　　　　　 부. G20 정상회담에서 한일정상회담 실현되지 않고,
　　　　　　 한중 정상회담, 트럼프 미 대통령 방한, 방북 후 판문
　　　　　　 점에서 김정은 위원장과 회담

2019년 7월: 일본정부 한국에 사실상의 전략물자 수출규제 표명

문재인 정권 탄생의 배경은 '정상이 아니었다.'

본론으로 들어가기 전에, 문재인 정부 탄생의 경위, 촛불혁명에 대해서 꼭 말해두고 싶은 것이 있다.

박근혜 전 대통령의 '혐의' 분출에서 탄핵 → 파면 → 체포라는 흐름 속에서 급속도로 분위기가 고조되어 박 대통령의 라이벌이었던 문재인 씨의 '재도전'을 국민들이 밀었다. 그것이 지난번 대통령선거의 모습이었다. 민주주의의 기본은 민의의 반영이기 때문에 그 결과는 정당했다고 할 수밖에 없다. 그러나 그것이 냉정한 판단이었다고 할 수 있을까?

현재 상황에서 한국 국민들을 생각하면 마음이 아프다. 그렇기는 하나 대통령의 정치가 어떤 방향으로 나아가도 그 책임은 그 사람을 찍은 국민이 져야 한다. 그 점에 대해서는 한국 국민들이 크게 자각해야 한다.

그렇다면 박 대통령의 탄핵은 어떻게 해서 일어났는가?

종편(綜編)인 JTBC가 박 전 대통령의 친구 최순실이 소유하고 있었다고 하는 태블릿PC를 독점 입수, 그 내용을 공개한 시점에서 '의혹'이 시작되었는데, 본래 이 태블릿PC 자체가 실제로 사용되고 있었던 '진짜'인지, 진짜로 '의혹'을 나타내는 내용이 들어 있었는지, 다른 경로로 입수한 정보를 마치 그 태블릿PC에서 발견한 것처럼 보여준 것이 아닌지, 나아가 그 정보도 자의적으로 조작된 것이 아닌지, 등등 여러 가지 지적이 있다.

그러나 한 번 보도로 불이 붙어버린 민심은 진위 여부와는 상관없이 순식간에 박근혜 대통령을 파면, 체포까지 몰아붙이고 그 기세로 문재인 씨를 선택해 버렸다. 대통령 선거기간 중에는 후보자의 토론회도 열렸으나 문 씨는 실현성을 무시한, 국민들이 좋아할 만한 공약을 내걸었고, 언론들은 그것을 음미할 틈도 없이 '박근혜 괘씸죄'의 분위기만 고조시켜 문 씨를 당선시켰다는 것이 팩트일 것이다.

내가 생각하기에, 박근혜 전 대통령은 설령 잘못이 있었다 한들 그녀는 기본적으로 청렴한 정치인으로 파면을 정당화할 만한 중대한 헌법 위반이나 법령 위반이 있었다고는 생각하지 않는다. 헌법재판소도 국민여론에 밀린 판결을 내린 것이라 생각한다. 그러나 당시의 그런 분위기 속에서 헌법재판소도 냉정한 판단은 내릴 수 없었을 것이다.

이에 대해서는 나중에 말하겠지만, 재임 중 박 전 대통령은 수사에 응하지 않고 사과를 조금씩만 함으로써 국민들에게 나쁜 인상을 심어주었다. 그것이 오히려 민심의 분노에 불을 지펴 비정상적인 상황이 만들어졌는데, 이것이 매우 안타깝다. 박 씨는 "나는 올바른 일을 하고 있다"고 믿는 사람이었기에 국민들에게 제대로 사정을 설명하고자 하는 의지가 결여된 사람이었다는 것이 불행의 시작이었다.

이는 뒤집어 말하자면 진보 세력에 의한 정권교체 의도대로 한국 국민이 그대로 당해 버린 구도이기도 하다. 이 '반박(反朴) 운동'을 주도한 것은 민주노총이나 전교조 등 친북성향을 가진 단체이지만, 한국에서는 '진보는 군사정권과 대치되는 민주주의의 옹호자'라는 이미지가 뿌리 깊기 때문에, 그런 활동 등도 '일반 한국인'의 지지를 얻고 있었던 것이다. 이렇게 보면, 문재인 정부는 글자 그대로 '혁명'으로 탄생했다고 할 수 있겠다.

훗날 반드시 어떠한 방법으로든 본래 이 '의혹'이 정당한 것이었는지, 상당 부분이 날조가 아니었는지, 한국의 민주주의를 위해서도 검증되는 날이 올 것을 기대하고 있다.

이상할 정도로 높은 지지율이 낳은 오만

파면으로 대통령의 자리가 비어 있었기 때문에 문재인 씨는 당선 다음날에 대통령에 취임했다. 첫 외부 일정으로 선택한 것은 인천국제공항이었다.

그곳에서 문재인 씨는 공항에서 일하는 비정규직 노동자를 만나 "정규직 고용을 늘림으로써 경제가 활성화되고 좋은 일자리는 좋은 소득을 낳고, 경제를 성장시킨다"고 주장. "고용이나 임금 인상을 위해서는 기업이 생산성 향상으로 성장하고 이익을 올릴 필요가 있다"고 하는 전통적인 경제이론을 무시한 경제정책을 피력했다. 그리고 공공부문에서 81만 명, 민간에서 50만 명의 일자리를 새로 만들고 최저임금을 3년 동안 1만 원(매년 약 15%의 인상이 필요)으로 하고, 재벌을 개혁해서 노조를 경영에 참가시킨다는 종전의 공약을 강조한 것이다.

이렇게 되면 한국 기업의 생산성이나 수익이 오를 리가 없다. 재정적자가 늘어날 뿐이다. 이처럼 경제이론을 무시한 정책은 실물경제에 정통한 사람이라면 얼마나 얼토당토않은 일인지 금방 이해할 수 있었을 것이다.

다만 이 시점은 박 전 대통령 탄핵 열기가 지속되고 있었던 때이다. 전 정부는 부정투성이였고, 일자리도 나쁘고, 생활고도 전 정부가 상징하고 있는 '불공정함'에 기인하고 있다고 생각하고 있던 한국 국민들은 완전히 문재인 정부의 정치 쇼에 놀아났다.
하긴 이 시점에서의 문재인 정부는 탄생한 지 얼마 되지 않았고, 국민들은 "시대를 바꾸기 위해 자신들이 함께 싸워서 선택한 대통령이 우리의 삶을 좋게 해줄 것이다"라고 믿고 있었을 것이며, 설마 북한과의 관계 개선에만 열중한 나머지 자신들의 삶이 더욱 팍팍해지리라고는(여론조사에서는 문 정부가 된 후에 생활이 더욱 힘들어졌다고 하는 사람이 59%나 된다) 꿈에도 생각지 못했을 것이다.

취임 다음 달 지지율은 84%(한국 갤럽조사)라는 경이로운 수치였다. 아무리 비정상적인 상황이었다고 해도 문재인 씨가 대통령 선거에서 얻은 득표율은 전체의 약 41%에 지나지 않았다. 즉, 선거에서는 문재인 씨에게 투표하지 않았던 중도 세력과 지지 정당이 없었던 한국 국민들 대다수를 취임 직후에 포섭했다는 이야기가 된다.

다만 나는 이 이상(異常)할 정도로 높은 지지율이 문재인 정부의 독선을 더 심하게 하고 정책의 결과 책임을 돌아보지 않고, "우리들은 올바르다." "올바르기 때문에 하고 싶은 대로 해야 한다." "올바른 이념을 위해서라면 수단에 잘못이 있더라도 용서받을 수 있다."는 오만함에 이르게 한 것이 아닐까 추측해 본다.

재벌이나 권력자들은 부를 독점하고 있으니 '부동산 투기는 용서하지 않는다' 라고 소리치면서도 청와대 대변인은 부동산 투기를 하고 있었다. 전 정권이 만든 '블랙리스트' 는 용서받지 못하는 것이고, 현 정부가 '적폐' 를 청산하기 위해 만든 '블랙리스트'는 허용된다는 왜곡된 논리를 강요한다. 각료나 판사 등의 인사를 둘러싸고는 국회의 반대를 무시하고 임명한다.

이들은 이런 오만함을 촛불집회에 참가해 '세상의 불평등'을 한탄하던 중고생들에게 어떻게 설명할 것인가?

남북 관계, 미북 관계라는 '새로운 맛'

여기서 문재인 대통령의 취임 이후의 지지율을 확인해 보자. 도표 A는 한국갤럽이 조사하고 있는 지지율(대통령 직무수행 평가)의 추이이다. '지지'(대통령은 직무를 잘하고 있다는 평가)와 '부지지'(잘하지 못하고 있다는 평가) 이외에 "어느 쪽도 아니다." "잘 모르겠다, 답하고 싶지 않다."라는 선택지도 있었으므로 합한 수치는 일치하지 않는다. 군데군데 수치가 끊겨 있는 것은 연말연시나 구정이라는 연휴 시즌 때문이다.

취임 당시에는 지지율 84%로 시작했으나 현재는 거의 반으로 줄어서 지지, 부지지가 엇비슷하며 하강 곡선을 그리는 추세에 있다.

현재의 40%대라는 지지율에 대해서는 평가하기가 의외로 어렵다. "거의 반으로 줄었다"고 볼 수도 있지만 "취임한 지 2년이 지났는데 아직도 40%대를 유지하고 있다"는 평가도 할 수 있기 때문이다.

그러나 나는 이 40~50%라는 숫자는 거품이라고 생각한다. 한국에서는 여론조사에 협력하는 것은 정권지지 측의 사람들이기 때문에 지지가 많이 나오는 경향이 있다. 또 미운 박근혜보다 문재인 씨 쪽이 "그래도 낫다"고 생각하는 사람이 많이 있기 때문이다.

이와 같은 일반적인 여론조사보다도 그 정책에 대한 평가를 올바르게 반영하고 있는 것이 조선일보가 주요 정책에 관해 묻는 조사라고 나는 보고 있다. 이에 따르면, 경제, 고용, 정부 인사는 어떻든지 긍정이 20%대이다. 또한, 북한에 대한 정책도 과거 2년간의 긍정적 평가가 83%로부터 45%로 저하되고 있다. 이 2년간에 남북정상회담이 3번 있었고, 그때마다 문 정부에 대한 지지율이 상승하고 있었음에도 불구하고 그렇다.

나아가 북한은 5월에 미사일을 발사했다고는 하지만 대체로 도발 행위를 자제하고 있다.

요컨대 이 평가는 하노이에서 미북 정상회담이 결렬되어, 문대통령의 중재자로서의 역할이 미북 양쪽에서 부정되고 있다는 현실을 반영한 것이다.

〈도표 A〉 문재인 정부 지지율의 추이

날짜	긍정	부정	날짜	긍정	부정	날짜	긍정	부정
17/06/01	84	7	18/02/01	63	30		65	25
	82	10		63	28		62	27
	83	10		※	※		58	32
	79	14		63	22	18/11/01	55	35
	80	13		63	26		54	36
17/07/01	83	9	18/03/01	71	22		52	40
	80	12		74	18		53	38
	74	16		71	19		53	39
	77	13		70	21	18/12/01	49	41
17/08/01	77	15	18/04/01	74	17		45	44
	78	14		72	19		45	46
	78	15		70	21		※	※
	79	14		73	18	19/01/01	※	※
	76	16	18/05/01	83	10		48	44
17/09/01	72	20		78	13		47	44
	69	23		76	14		46	45
	70	24		76	14		47	44
	65	26		75	15	19/02/01	※	※
17/10/01	※	※	18/06/01	※	※		47	44
	73	19		79	12		45	45
	70	23		75	16		49	42
	73	19		73	16	19/03/01	46	45
17/11/01	73	18	18/07/01	71	18		44	46
	74	18		69	21		45	44
	73	20		67	25		43	46
	72	18		62	28	19/04/01	41	49
	75	17	18/08/01	60	29		47	45
17/12/01	74	18		58	31		48	42
	70	21		60	32		44	47
	※	※		56	33	19/05/01	45	46
	※	※		53	38		47	45
18/01/01	72	20	18/09/01	49	42		44	47
	73	17		50	39		46	44
	67	24		61	30		45	45
	64	27		※	※	19/06/01	46	46
			18/10/01	64	26			

단위:%

조사는 1주일 단위.　　※실시되지 않았던 주.　　한국갤럽 조사 문재인 정권 지지율은 그 추이가 전체적으로는 하강 곡선인 가운데 (1) 2018년 2월경부터 5~6월경에 걸쳐 중기적인 반전(63% → 83%), 그리고 (2) 2018년 9월부터 10월에 걸친 단기적인 반전(49% → 65%)이 눈에 띈다.

그렇다면 문 정부 2년 동안의 사건을 다시 살펴보자. (1)은 신년에 김정은 씨가 갑자기 남북대화 의사를 표명하고 핵미사일 개발을 '중단'하고 평창올림픽에 참가한다고 발표한 후, 두 번의 남북 정상회담, 그리고 싱가포르에서의 미북 정상회담과 시기가 겹쳐 있다. (2)는 문재인 씨의 평양방문과 세 번째 정상회담이다.

나는 전에 쓴 책에서 문재인 씨 본인과 접했던 인상에서 "머릿속에는 온통 북한의 일만 있다"고 평가했다. 이에 대해서 "그럴 리가 없다"고 많이 비판을 받았으나, 현재의 상황을 보는 한 나의 지적이 맞았다고 할 수밖에 없을 것이다.

오히려 의외였던 것은 트럼프 대통령의 대응이었다. 김정은 씨는 "문재인 정부는 다루기 쉽다"고 생각하고 있었을 것이기 때문에 김 씨의 의향대로 남북대화는 실현될 것으로 생각되었다. 그러나 2017년에는 군사공격도 마다하지 않을 것 같은 태도를 취하고 있던 트럼프 대통령이 문 정부로부터 북한의 비핵화 의사를 전달받자마자 그것을 확인하지도 않고 즉시 미북 대화에 적극적으로 나섰기 때문이다.

이는 미국의 국내정치 사정도 있었겠지만 솔직히 말해 예상 밖의 일이었으며, 이 문제에 거는 문재인 정부의 기대가 이루어진 셈이다.

자세하게는 다음 제2장에서 검증하겠으나, 문재인 정부의 지지율을 받쳐주고 있는 것은 결국 남북대화, 미북 교섭(및 그 중개)에 의한 '평화' 무드의 연출만이고, 정부도 이 이슈에 의존하고 있다는 것을 읽어볼 수 있다.

남북정상회담이 실현된 2018년 4월, 김정은 씨가 평양냉면을 갖고 군사경계선을 넘어오자 서울의 평양냉면 가게에는 사람들이 줄을 길게 늘어섰다. 정부기관이나 지방자치단체의 간판이나 슬로건도 '평화' 방문을 강조하는 것이 넘쳐나고 TV 또한 우호 이미지를 많이 내걸었다.

이제는 광화문 광장에서 김정은 씨를 '칭찬' 하는 집회가 있어도 단속되는 일이 없다고 한다. 확실히 정치적인 자유는 담보되어야 하지만 10년 전만 해도 순식간에 연행되어 갔을 것이다. 더구나 김여정 씨(김정은 씨의 여동생)의 팬클럽도 만들어졌다고 하니….

그렇다고는 하지만 북한을 칭찬하는 것은 한국은 물론이고 동아시아 전체의 안전보장을 위협하는 일이 될 수도 있다.

남북의 화합과 한반도의 평화는 민족의 거짓 없는 소망이라는 점은 알 수 있다. 그렇기 때문에 얼핏 평화가 온 것 같은 환상에 빠지는 것도 이해할 수 있다. 그러나 북한은 기본적으로 변하지 않았다. 그런데 지금까지 너무 잘 나갔기 때문에 정부나 유권자가 그것에 너무 끌려다니고 있는 것은 아닐까? 이미 상황은 급속히 악화되었고, 문재인 씨가 이끄는 한국은 미·일, 중국뿐 아니라 전 세계의 주요 국가, 심지어 북한에게까지 무시당하고 고립되고 있는데 말이다.

경제정책은 무참할 정도로 실패

아무리 북한을 가지고 분위기를 한껏 띄워 봐도 숨길 수 없는 것은 다른 분야의 실정(失政)이다.

다시 한국갤럽의 여론조사(도표 B)를 보자. 취임 직후를 제외하면 지지율이 가장 높았던 것은 2018년 5월 첫째 주의 83%(부지지율 10%)이지만, 그 이유를 현재(집필 시점에서 최신인 2019년 6월 첫째 주, 지지율, 부지지율 모두 46%)와 비교하면 매우 흥미롭다. 높은 지지율을 받았던 당시에나 현재나 '지지'하는 사람의 주된 이유는 북한과의 관계 개선이다. 그러나 주목해야 할 것은, 현재는 적극적으로 남북관계 개선을 평가하는 사람은 적어졌고, 답변 내용 중 가장 많이 차지하고 있는 것은 "모르겠다, 대답하고 싶지 않다"라는 것이다.

〈도표 B〉 문재인 정권 지지, 부지지의 이유

● 2018년 5월 1주 대통령 지지, 부지지의 이유

[지지] 평가의 이유		[부지지] 평가의 이유	
남북수뇌정상회담	35	대북관계·친북성향	23
북조선과의 회의재개	14	경제·국민의 생활문제의 해결부족	22
대북정책.안보	8	독단적, 일방적, 치우쳐있다	9
외교를 잘하고 있다	8	남북정상회의	7

● 2019년 6월 1주 대통령 지지, 부지지의 이유

[지지] 평가의 이유		[부지지] 평가의 이유	
모르겠다 / 회답거부	15	경제·국민의 생활문제의 해결부족	45
북조선과의 관계개선	12	북조선과의 관계에 치우쳐있다. 친북성향	13
외교를 잘하고 있다	10	모르겠다 / 회답거부	6
최선을 다한다 / 열심히 한다	8	고용문제·고용부족	6

　　한편 '부지지(不支持)'의 이유는 명확하다. 남북정상회담에서 '평화' 무드가 최고조에 달했을 때에는 그것에 거부감을 나타내는 사람과 경제문제에 대한 불만을 가진 사람들의 비율이 거의 비슷했던 것에 비해, 부지지율 자체가 5배 가까이 늘어난 현재에서는 경제문제나 삶의 형편에 대한 불만이 눈에 띈다.

　　높은 지지율은 '평화' 무드에 의해서만 만들어진 것에 비해, 판문점에서의 미북 회담을 경험해도 더 이상 타개책이 불투명한 지금 더 이상 회복할 수단은 없어 보인다. 지지하고 있는데 그 이유가 "모르겠다"라는 것은 현재의 지지층도 그 기반이 취약해지고 있다는 것이다.

경제는 완전히 처참한 상황을 드러내고 있고, 앞으로도 회복될 가능성은 적어 보인다. '일자리 정부'를 자칭하면서도 실업률은 높아지고, 특히 청년층의 취업기회가 명확하게 감소되고 있다. 문 대통령에 대한 지지자가 가장 줄어든 것은 20대 남성들이다. 그만큼 고용상황이 심각하다는 것이다. 최저임금을 급격히 인상한 결과 약자로부터 오히려 일자리를 빼앗고 중소, 자영업자는 폐업으로 몰리고 있다. 빈부격차는 더 심해지고 있다고 한다.

최근 들어 전 세계의 경제학자, 언론으로부터 조롱을 당하면서 간신히 경제정책의 이상(異常)함을 인식하기 시작한 듯하나, 그래도 아직도 "경제가 나빠진 것은 국제환경 탓이다"라든가, "지금은 과도기" 등으로 문 정부는 변명만 하고 있다. 이처럼 잘못을 인정하지 않는 것 또한 그들의 특징이다.

앞으로의 세계 경기는 미중 무역전쟁으로 앞날이 우려되고 있으나 적어도 2018년까지는 호경기였던 것은 부정할 수 없다. 문재인 정부는 최근 들어 경제문제를 외부 요인 탓으로 돌리려 하지만, 분명히 한국의 독자적인 경제 실정으로 인해 다른 나라에서는 경기가 좋았던 때부터 이미 조금씩 내리막길을 가고 있었던 것이다. 최근 들어 생산, 투자, 소비, 수출 모두 상황이 악화되고 타국

보다도 가일층 어려운 국면이 기다리고 있다. 이제 돈 풀기라는 일련의 퍼주기 정책에 의존할 것이다.

이는 전에 쓴 책에서 예상했던 대로이다. 실업률은 여전히 4% 정도이지만 그것은 돈 풀기로 고령자를 쓰레기 줍기 등으로 고용하여 취업자로 만들었기 때문이다. 한창 일할 나이인 40대의 일자리는 줄어들고 있으며, 청년층의 실업률 10%는 일자리를 포기한 사람을 포함시키지 않고, 실제로 잠재실업을 포함시키면 20%, 일본의 실업률은 2019년 5월 현재 2.4%이다.

경제문제에 대해서는 문재인 정부의 특징이 앞으로 더욱 악영향을 미칠 것이다. 제4장에서 데이터를 보며 고찰해 보겠다.

국민의 분열을 선동하는 문 정부

2019년은 일본으로부터의 독립운동인 3·1운동 100주년이었다. 한국에서는 매년 3월 1일은 경축일(3·1절)이며, 대통령은 식전에서 연설을 하게 된다. 문재인 씨에게 있어서는 재임 기간 중에 100주년을 맞이하는 것은 민족의식을 고무시키는 데 있어서 바라지도 않던 기회였을 것이다.

다만 연설을 하기 전에 크게 두 가지, 자신이 생각지도 못한 일이 일어나 버렸다.

당초, 문재인 정부는 북한에 대해 3·1절 100주년을 민족적으로 경축할 것을 제안하고 있었다. "가까운 시기에"라는 말만 한 채로 보류되던 김정은 씨의 서울 방문을 이 타이밍에서 한다는 "날조 기사"까지 등장했다.

3·1 독립운동에서 같은 해 대한민국 임시정부 수립으로 이어지는 흐름은 문재인 정부로 대표되는 진보진영에 있어서는 중요한 의미를 가진다. 보수진영은 어디까지나 1948년의 정부수립을 중요시하고 임시정부로부터는 "법통(法統)을 계승하고 있다"는 헌법에 기재된 입장을 유지하고 있으나, 현실을 무시한 진보파의 사관에서는 대한민국 임시정부야말로 "현재의 한국의 건국 그 자체"이며, 일본은 그에 대해 "불법행위"를 해왔다고 하고 있기 때문이다.

그래서 문재인 정부는 이 기회에 북한을 이용해서 '평화' 무드를 가져오고 3·1운동, 그리고 임시정부 100주년에 권위를 부여하고자 했다.

그러나 북한 측의 반응은 냉랭하기 짝이 없었다. 당연한 일이다. 그들의 '공화국'은 김일성에 의해 만들어진 것이며 임시정부의 업적 같은 것은 전혀 평가하고 있지 않기 때문이다. 문 정부의 대본대로 북이 따라줄 리 없다는 것은 한국의 정치인, 지식인이라면 알 수 있을 법한데 문재인 정부는 몰랐다. 견식이 없다고밖에 할 수가 없다.

이상이 하나의 패착이고, 또 하나는 미북 하노이 회담의 결렬이다.

문재인 정부는 '비핵화'를 둘러싸고 양국 간에서 어떠한 합의가 이루어지고, "제재가 해제되어 남북에서 경제교류가 부활될 것"으로 기대하고, 그대로 3·1운동 100주년으로 연결시키고 싶었겠지만, 미북 양국이 그와 같은 한국 측의 의도에는 신경 쓸 리 만무하고, 결과적으로는 사다리를 걷어차인 꼴이 되었다.

아무래도 내심 초췌해졌을지도 모르는 문재인 씨였으나, 3·1절에서의 연설은 무서운 내용이었다. 여기서는 중앙일보 일본어판의 보도를 인용하기로 한다.

> (문 대통령은) "친일잔재 청산은 너무나 오래 미뤄둔 숙제"라고 하고 "역사를 바로 세우는 일이야말로 후손들이 떳떳할 수 있는 길"이라고 말했다. 이어서 "이제 와서 과거의 상처를 헤집어 분열을 일으키거나 이웃 나라와의 외교에서 갈등 요인을 만들자는 것이 아닙니다."라고 하며, "친일잔재 청산도, 외교도 미래지향적으로 이뤄져야 합니다."라고 강조했다.

문 대통령은 "일제는 독립군을 '비적'으로, 독립운동가를 '사상범'으로 몰아 탄압했습니다. 여기서 '빨갱이'라는 말도 생겨났습니다."라고 하면서, "사상범과 빨갱이는 진짜 공산주의자에게만 적용되지 않았습니다. 민족주의자에서 아나키스트까지 모든 독립운동가를 낙인 찍는 말"이었다고 말했다.

문 대통령은 "좌우의 적대, 이념의 낙인은 일제가 민족 사이를 갈라놓기 위해 사용한 수단이었습니다."라고 하면서, "해방 후에도 친일청산을 가로막는 도구가 됐습니다. 양민학살과 간첩 조작, 학생들의 민주화 운동에도 국민을 적으로 모는 낙인으로 사용됐습니다."라고 말했다.

이어서 "지금도 우리 사회에서 정치적 경쟁세력을 비방하고 공격하는 도구로 빨갱이란 말이 사용되고 있고, 변형된 '색깔론'이 기승을 부리고 있습니다."라고 하면서 "우리가 하루빨리 청산해야 할 대표적인 친일잔재입니다"라고 밝혔다.

일본인으로서는 평온한 마음으로 다 읽을 수 없는 부분도 있지만 포인트는 그것이 아니다.

이 연설에 나타나 있는 문재인의 생각은 요컨대 현 정부나 지지자를 '공산주의자', '빨갱이'로 비판하는 세력은 예전에 독립운동을 탄압한 일본과 같으며 빨리 청산해야 한다는 것이다.

즉, 여기서 말하는 '친일청산' 이란 보수 세력에 대한 보복에 지나지 않는다. 대통령의 중요한 역할은 '국민의 화합' 이며 자신에게 투표한 사람도, 하지 않았던 사람도 통합하겠다고 약속을 했었다. 취임연설에서도 "전 국민의 대통령이 되겠다"고 선언했있다.

그러나 문 대통령은 취임하자마자 적폐청산을 내정의 가장 중요사항으로 삼았다. '국민의 화합' 은 이미 문 씨의 머리에서 사라져 버린 것일까? 조선일보는 문재인 대통령의 취임연설은 '거짓의 향연' 이라고 혹평하고 있지만, 실제로 취임 당초의 말과 현실적으로 일어나고 있는 일의 갭은 너무나도 크다.

'친일' 이야말로 한국 발전의 주인공이었던 현실

문재인 정부와 그 지지자들이 '친일' 이라고 딱 잘라 말하는 사람들이야말로 실은 오늘날의 한국을 만들어내고 경제를 발전시켜온 주인공들이다.

일제강점기에 일본인과 적극적으로 관련되고 통치에 협력함으로써 이익을 얻은 것은 "민족에 대한 배신행위"이며, 당사자들은 '친일분자' 라는 말을 들어왔다. 현재 한국에서 이 카테고리에 들어가게 되는 것은 정치적, 사회적 죽음을 의미하고 있다.

그러나 당시 민족을 생각하며 일본에서 배우고, 일본의 조선통치에 관련되었던 사람들도 많이 있다. 한국 전쟁에서 파괴된 국토를 부흥시키고 재빨리 세계경제에 들어가기 위해 지혜와 힘을 짜낸 사람들 또한 그 대부분은 '친일분자'라고 비판받는다.

그들이 주도하고 한국인이 주인공이 되어 1965년의 한일국교정상화 이후 일본도 협력해서 이뤄낸 경제성장을 '한강의 기적'이라 부른다. 그러나 문재인 정부는 2019년 3월부터 사용하는 초등학교 사회과 교과서에서 '한강의 기적'에 관한 내용을 삭제했다고 한다. 거의 믿기 어려운 역사의 부정이며 가공할 만한 편의주의이다.

박정희 전 대통령을 '친일파'라고 지탄하고, 그들의 뒤를 이은 군사정권, 나아가 그 흐름을 따른 보수정권을 타도하고 스스로가 혁명을 달성했다고 하면서, 그간의 경제발전이라는 과실은 마치 자신들이 이뤄낸 것처럼 행동하고 있는 것이다.

역사라는 의미에서 말하자면, 북한에는 가공할 만한 숙청이나 인권탄압의 역사가 있으며, 수수께끼와 같은 권력세습의 역사가 있고, 경제를 잘 운영하지 못함으로써 많은 인민들이 아사한 역사도 있다. 이에 대해서는 무시하고 북과의 관계를 강화하면서 자신들이 향유하고 있는 경제발전의 배경을 교과서에서 삭제하는 것이 현 정부이다.

결국 이는 역사 지우기와 자의적 해석일 뿐이다. 이와 같이 무서운 정권일 줄은 나도 예상하지 못했고, 한국 유권자들도 같은 심정이 아닐까?

한국에서는 문 정부에 관해 "예상이 빗나갔거나 아니면 문재인 씨가 변했거나"라는 말이 있다. 내가 친하게 지내던 서울대학의 명예교수는 내가 "문재인 씨가 걱정이다"라고 말하자 "문 씨는 현실적인 사람이니까 괜찮다"고 대답했었다. 당시 한국에서 일본 대사를 하던 나를 의식하고 말했는지 어땠는지는 모른다. 그러나 어쨌거나 문재인 씨가 당시의 예상을 뛰어넘는 "가공할 정치"를 하고 있다는 것은 이제는 아무도 부정할 수 없지 않을까?

민주주의에서 가장 먼 정권

이는 사실상 문재인 정부나 그 지지자들이 매우 싫어했던 독재 정권과 같다. '적폐청산'이라는 말이 드디어 강조되기 시작해 전 정부나 문재인 씨의 스승인 노무현 전 대통령을 자살로 몰아세운 (그렇게 생각하고 있다.) 이명박 정부의 행위, 나아가 광주사태 등 의 과거사에 있어서 진보세력인 자신들을 잡아들였던 군사정권과 그 흐름을 따른 보수 진영을 '적폐'로 취급하기 시작한 것이다.

내 눈에는 군사정권 시절에 문재인 씨 같은 학생 운동권을 억압 하였던 행위와 똑같게 보인다. '적폐'는 정부의 마음대로 어떻게

든 정의할 수 있기 때문이다. 후술하는 '친일파'도 마찬가지로, 양자의 차이는 더 이상 무력을 사용하는지 안 하는지 뿐이다. 공권력을 동원하고, 언론을 움직이고, 운동권이나 인터넷 여론을 들끓게 해서 공격하고 나쁜 사람으로 몰고 간다. …. 목숨을 빼앗지 않는 것만 해도 어디냐라는 지적도 있겠지만 '적폐청산'을 참을 수 없어 이미 스스로 죽음을 선택할 수밖에 없었던 사람들도 여럿 있다.

압도적인 지지를 얻는 데 성공한 문재인 정부는 나의 예상대로 경제에 관해서는 극히 포퓰리즘적인 퍼주기 정책을 우선하고, 재벌에게는 본때를 보이며 길들이기 시작했다. 이와 동시에 이 정부의 진짜 목적이었을 북한과의 관계에 대해서는 본격적으로 움직이기 시작했다. 그리고 자신들의 뒤를 이을 진보정부를 20년, 혹은 영속시키기 위한 방안을 짜기 시작했다.

이는 결국 국익을 경시하는 것으로 이어진다. 대통령으로서 당연히 해야 할 국민 모두의 행복 최대화를 위한 비전 만들기보다 자신들 진보세력의 독점적 지위 확립과 진보정부의 중전 사항의 실현, 그리고 이 정부의 지속에 공헌하기 위해 지금 무엇을 해두어야 하는가 …. 거기에서 역산한 정책밖에 생각할 수 없게 된 것이다. 결국 집단이기주의인 것이다.

본래 문재인 정부는 합리적인 사고에 익숙하지 않고, 적재적소
에 인재를 배치하지도 못하고, 정책 입안에도 뛰어난 사람이 없는
아마추어 집단이다. 그런 의미에서는 군사정권도 이와 비슷한 실
수를 범하기 쉽다고 말할 수 있지만, 그나마 그들은 현실주의자였
다. 정치운동권 사람들은 현실주의자들이 아닌 만큼 보다 합리적
인 사고에는 어울리지 않는지도 모른다.

한국은 역사적 경위 때문에 민주주의의 경험이 아직 많지 않고,
일반 국민들의 이해가 부족한 부분이 있다. 조선왕조 시대에서 일
제강점기, 미군정 시기와 분단, 군사정권에 의한 개발독재를 거친
후의 이야기이며, 그 시간은 실질적으로 30년 남짓이다.

나는 군사정권으로 돌아가야 한다고는 전혀 생각하지 않는다.
왜냐하면, 아무리 시책이 바르다 하더라도 국민들이 정치에 사실
상 참가할 수 없기 때문이다. 지금은 한국은 후발도상국이 아니라
국민 평균소득 3만 달러의 선진국이다. 민주화 운동의 결과 현재
의 헌법이 만들어졌다. 정치가 국가가 나아갈 방향을 모색하는 것
은 지극히 당연한 일이다.

그러나 민주주의의 결과 탄생한 정권이 강권 정치를 흉내 내더
라도 군사정권보다도 정책수행 능력에서 떨어질 가능성, 혹은 정
치윤리로서 더 우매할 가능성은 부정할 수 없다. 반대로 말하자

면, 아무리 이상적인 시스템을 만들어도 그 시스템에 의해 만들어진 정권이 이상적일 것이라고 담보할 수는 없다.

정권이 표면적으로 하려고 하는 것과 실제의 움직임에 차이가 있을 경우, 혹은 정책 수행 능력이 극히 떨어질 경우에는, 다시 민주주의 시스템에 의해서 정권을 바꿔야 한다. 이는 유권자가 지고 있는 책임이다.

'민주주의의 승리'에 의해 탄생했다는 정부가 결과적으로 가장 민주주의에서 멀어진다는 현상은, 안타깝게도 일어날 수 있다. 더 나아가 민주주의를 파괴할 수도 있는 것이다.

선배나 중진들의 간언도 들은 척 만 척

문재인 정부의 이와 같은 독선적이고 비윤리적인 시책에 대해 비판하고 있는 것은 굳이 보수 세력만이 아니다. 진보계 논객 중진들도 간언을 하기 시작했다.

중앙일보 일본어판(2019년 3월 16일 자)에 의하면, 2019년의 3·1절 연실에 대해 진보계 정치학자의 원로로 불리는 최장집 고려대 명예교수가 "관제 민족주의(official nationalism)의 전형적인 모습", "청산을 모토로 하는 개혁이 민주주의 발전에 기여할지에 대해 극히 부정적"이라고 비판했다.

최 명예교수는 다음과 같은 말도 남겼다.

"역사를 굉장히 정치적인 좁은 각도로 해석하고 있다. 사려 깊지 않은 표현이자 발상이다." "현 정부가 이념적 지형(정치적인 구도, 세력판도의 의미)을 자극해서 촛불시위 이전 못지않게 더 심한 이념대립을 불러오고 있다. 광화문 태극기 부대(문 정부를 규탄하고 박근혜의 석방을 요구하는 단체)와 기념행사의 태극기가 충돌하는 모습을 보면, 앞으로 100년간 정치가 발전할 것 같지 않다는 생각이 든다." "정부가 주관해 친일잔재 청산을 내걸고 문화투쟁의 형태로 의식화 과정을 추진한다고 할 때, 그것이 가져올 부정적인 결과는 측량하기 어려울 정도로 크다."

그리고 "해방 이후 한국 현대사에서 절반에 이르는 전반기는 식민지 유산이 인적 요소는 물론 제도와 운영방식, 정치문화 등 여러 면에서 직접적으로 영향을 미쳤다"며, "일제 식민지 잔재청산이란 말은 성립하지도 않을 뿐 아니라 바람직하지도 않다"고 말했다는 것이다.

진보계 논자로부터도 비판이 나오고 있다는 것을 받아들여 문재인 정부도 일단은 "듣는 척"을 한다.

같은 신문(5월 9일 자)에 따르면, 5월 2일, 청와대는 예전에 진보 정부에서 역할을 했었던 또는 진보계에게 우호적인 지식인들을 초청하여 '원로와의 대화'를 가졌다고 하지만, "그 자리에서 나온 것은 비판뿐이었다"고 들었다. 경제문제, 한일관계, 탈원전,

적폐청산 등에서 문 대통령에게 간언하는 의견이 많았음에도 불구하고 문재인 씨는 오히려 '원로'들의 말을 가로막고 자신의 설을 강조했다고 한다. 자신이 불러놓고 매우 결례되는 일 아닌가?

같은 신문에 따르면, 2012년의 대통령 선거(박근혜 전 대통령이 당선)에서 문재인 진영의 국민통합추진위원장을 맡았던 윤여준 전 환경부 장관은 "적폐청산에 의한 피로감이 심하다"고 진언해 보았으나 "살아 움직이는 (적폐)수사는 정부가 통제할 수 없다"는 문 대통령의 맨날 하는 반론 때문에 가로막혔다고 한다. 윤여준 씨는 문 씨를 평하며 "사람이 너무 고시식한 것 같다. 그런 사람은 주로 아집이 강하다. 웬만해서는 생각을 바꾸지 않을 것이다."라고 말하고 있다.

또 이홍구 전 국무총리(김영삼 정부 때)는 "당파성이 없는 (중립계) 원로가 반복해서 지적하기 때문에 조금은 듣는 것 같았다"라고 말했다고 하지만, 윤 전 장관은 "문 대통령을 만나보니 표정이 걱정스러워 보였다. 대화 도중에 일부러 웃음을 보이기도 했지만, 본인의 상황이 '사면초가' 상태가 되어가고 있다는 것을 의식하고 있는 것 같았다"고 말하고 있다. 어쩌면 자신에 대한 비판이 많아졌기 때문에 더 외고집이 되는 것인지도 모른다.

나는 전에 쓴 책에서 문재인 씨의 정치 자세를 말하고 그 최대

리스크로서 "데이터나 현실을 무시하고 이념만을 우선하는 경향"을 들었다. 그리고 "상황의 변화를 항상 모니터하고 분석하는 것이야말로 중요하고, 스스로의 생각이 그것에 비춰서 타당한지 아닌지, 정기적으로 반문할 필요가 있다"고 말했다. 아무리 동화 나라와 같은 연출을 하려고 해도 실체가 동반되지 않는 한 반드시 도금은 벗겨진다.

아쉽게도 문재인 씨는 자성(自省)이라는 기능을 갖고 있지 않은 것 같다. 이 2년 동안 무오류(無誤謬)에 집착한 나머지 경청할 귀를 가지지 않게 된 문재인 씨의 모습이 보이는 것 같다. 그리고 앞으로도 몰리면 몰릴수록 오히려 더 외고집이 되어가는 것은 아닐까.

국내 평가도 낙제급

한국 국내 언론에 의한 평가도 보도록 하자. 보수계 최대의 일간지 조선일보가 외교, 북한 문제 전문가들에게 설문조사를 하여 4점 만점으로 평가를 의뢰하자 0.99점으로 '낙제점'이었다.

조선일보가 문재인 정부와 격하게 대립되어 있다는 것은 제3장에서 저술할 예정이지만, 여기에 등장하는 전문가는 모두 그 길의 권위자들이며 객관적인 평가를 한다는 것을 믿을 수 있을 것이다.

한껏 미국을 비롯한 국가들을 당황시키고 이미지 선행으로 분위기를 고조시켜온 그들의 "유일한 성과"라고도 할 수 있는 외교, 북한 문제에서조차 이 지경이 되었으니, 향후의 문제인 정부로부터 플러스 요인을 찾기란 어려울 것 같다.

여론조사 지지율이 대통령 선거의 득표율에 다가갔다는 것은 이 2년 동안에 얻어온 중도층, 지지 정당이 없는 부동층의 지지를 거의 잃고, 플러스마이너스 제로 상태가 되었다고 볼 수 있다. 이토록 실패를 거듭하면서도 아직까지도 과거 정부보다 더 높은 지지를 유지하고 있는 것은 앞서 말한 것과 같은 요인이 작용하고 있기 때문일 것이다.

여기까지 본 것처럼, 안타깝게도 앞의 책에서의 나의 걱정은 적중하였고, 상황은 그 이상으로 더 나빠졌다. 문재인 정부는 그 정책적인 실패에도 불구하고 인사에서 입법, 행정, 사법의 삼권을 장악하고 주요 신문 이외의 언론도 장악하고 있기 때문에 보기에 따라서는 '강인'하다고 할 수도 있겠다.

다음 장에서는 북한 문제를 중심으로 외교, 안보, 무재인 정권의 독재化, 경제 실정, 최악의 한일관계에 대해서 각각 파고 들어가 향후 3년간의 모습과 일본인으로서의 생각, 문재인 정부 하의 한국과 어떻게 교류를 할 것인지를 제시하고자 한다.

제 2 장

대북/대미·중 외교
−고립되는 한국

판문점 회담을 거쳐도 변함없는 하노이 '참사'

2019년 6월 30일, G20 오사카정상회의 후 트럼프 대통령이 방한했다. 트위터를 통해 만남을 제안한 것이 성사되어 그 후 판문점 군사경계선에서 김정은 위원장과 면회했다. 그리고 미국의 현직 대통령으로서는 최초로 북한 땅에 발을 디딘 후 남측 시설 내에서 미북 정상회담을 했다. 불과 24시간 안에 정상회담이 실현된 것은(사전 협의가 있었는지는 모르겠지만) 이례적인 일이며, 그런 점에서 본다면 트럼프 대통령에게 플러스가 되었을 것이다. 그러나 미국 정부의 공식발표 내용에서는 실질적인 변화가 느껴지지 않는다.

2월의 하노이 미북 정상회담이 일체 합의 없음으로 결렬된 것은 '한반도의 운전자'라 자부해 온 문재인의 책임이 크다. 그런데 판문점에서도 미+북+한국의 3자회담은 할 수 없었다. 문재인은 트럼프를 한국으로 초청함으로써 중개를 한 듯이 보이긴 했지만 이는 그저 '장소 빌려주기'와 같은 것으로서 하노이에서의 실점을 회복한 것은 아니다.

하노이회담 전 일본에서는 "트럼프가 성공을 서두르다가 '비핵화' 거래 조건을 낮춰 제재를 완화시키는 것이 아닐까?"하고 크게 우려했다. 거래 내용 여하에 따라서는 미국의 관여도(關與度) 저하 및 동북아시아에서의 후퇴, 더 나아가 일본의 안보구조도 완전히 바뀔 수 있기 때문이었다.

이에 반해 한국은 '평화' 그 자체, 그야말로 축제 전야와 같았다. "어떠한 형태로든 '거래'는 성사될 것으로 믿었고, 얼마나 대단한 내용이 될 것인지에 초점이 맞춰져 있었다. 문재인의 청와대 대변인은 기자단에게 "문 대통령이 미북 합의 순간을 TV로 시청할 것"이라고 전했다. 한일 정부 및 국민들 중 '노딜'을 예상하고 있었던 사람은 소수였으며, 그만큼 결과에 대한 쇼크도 컸다.

세계에서 가장 놀란 것은 한국일 것이다.

"오찬이 늦어지고 있다" "아니 중지가 된 것 같다"라는 미국측의 보도에 따라 다음 날 3 · 1절 100주년 기념식전을 앞두고 있던 정부도, 분위기를 고조시키고 있던 언론도 상황을 바로 파악하지 못하고 혼란을 거듭하고 있었다.

그럴 수밖에 없었다. 취임 이후 "한반도 문제라는 운전대를 잡고 있다." "미·북을 이어주는 중개자다"라고 대대적인 선전을 하고 있던 문재인 정권의 실체가 여지없이 드러났고, 어마어마한 '외교적 실책'이 노출되었기 때문이다.

이런 참사를 불러들인 '주범'은 문재인 자신이다. 스스로를

'중개자' 라며 '김정은의 빵 셔틀' 을 하면서 미국을 속였을 뿐만 아니라, 미국의 의도를 잘못 전달함으로써 하노이까지 불러들인 김정은도 속인 셈이다. 미·북 양측이 문재인 정부에 대해 "이건 아니다" 라고 여기게 된 것도 당연한 일이다.

이것이 문재인 정부가 의도한 것이라면 만용 그 자체라고 할 수 있을 것이지만, 그러나 이는 보고 싶은 것만 보고, 자신의 이상에 맞는 사고밖에 할 수 없는 집단이 아마추어 외교로 세계를 농락한 결과 야기된 자멸행위였다고 나는 생각한다.

문재인 정부는 이때까지만 해도 말 그대로 '한반도의 운전자' 였다. 그러나 유감스럽게도 그들이 준비한 차량은 고물이었고 외장만 고급차로 보였던 것이다. 거기다가 운전석에서 핸들을 잡고 있는 것은 말하자면 무면허의 사람이었던 것이다.

북한은 핵을 포기할 생각이 없다

미·북 대화에 관해 언급하기 전에 먼저 북한의 비핵화 의사에 대한 나의 분석을 말해 보겠다.

내가 일본 외무성에 입성한 것은 1972년이었다. 그 해에 한국의 이후락 중앙정보부장과 북한의 김영주 조직지도부장(김일성 주석의 남동생)의 회담을 통해 '자주 조국통일', '민족 대단결', '상호비난 중지', '남북교류' 등을 내건 남북공동성명이 체결되었다. 이로 인해 한국에서도 남북화합에 대한 기대가 높아졌다. 그러나 북한은 38선을 넘을 수 있는 남침 땅굴을 은밀히 파고 있었다.

또한, 94년에는 미 · 북 기본합의가 성사되었다. 이는 북한이 핵개발을 동결시키는 대가로 '한 · 미 · 일이 2003년경까지 경수로 2기를 제공한다." 그간 "북한에게 원유를 매년 50만 톤 제공한다." "미국은 북한을 공격하지 않는다." 등의 합의였다. 그러나 그 기간에도 북한은 고농축 우라늄에 의한 핵개발을 하고 있었다. 원심분리기용 수입 자재를 들여오다가 들통난 것이었다. 2002년 케리 미국무부 차관보가 방북했을 때 북한은 그 사실을 인정했다.

이런 사례에서 알 수 있듯이, 북한은 때로는 유연한 자세를 보일 때도 있으나, 이는 어디까지나 대가를 요구하기 위한 전술적 변화일 뿐 적화통일 준비와 핵개발은 결코 멈추지 않는다는 사실을 잊어서는 안 된다. 2018년 2월의 평창 동계올림픽 참가 이후, 북한은 표면상은 화해무드를 내비치며 '비핵화'를 외쳤지만, 과거 2번의 미 · 북 정상회담에서의 대응을 보면 알 수 있듯이, 그 속내는 비핵화할 의사가 없다고 보는 것이 맞을 것이다.

위와 같은 사례는 북한 정권이 '밀고 사회'인 점을 보아도 쉽게 유추할 수 있을 것이다. 부부라도 수상한 움직임이 포착되면 밀고해야만 한다.

이런 나라이니 설령 미국이 체제를 보증한다고 해도 그것을 믿고 핵을 포기할 리 없다고 나는 생각한다.

'평화' 퍼포먼스 뒤편에서

문재인 정부 탄생 이래 지금까지의 미·북 교섭의 흐름을 돌아보면(38~40페이지의 표도 참조), 다음과 같이 정리할 수 있다.

○ 한국이 북한과 접촉, 남북대화를 요구한다.

○ 북한은 핵미사일 개발을 중단, 남북회담이 '성공'하고, '평화' 무드가 고조된다.

○ "북한의 '비핵화' 의도와 회담의 희망이 보인다"고 한국이 미국에게 대변한다.

○ "미국은 '북한이 말하는 비핵화'를 받아들여 제재를 완화할 준비가 되어 있다"고 한국이 북한에게 대변한다.

○ 트럼프 대통령은 북한이 정상회담 준비에 소극적인 것을 보고, 일단 회담 중지를 결의하지만 곧바로 철회한다.

○ 미·북 싱가포르회담은 '만났을 뿐'이지만 일단 합의를 이루어 낸다. 그러나 애매한 합의로 화근을 남긴다.

○ 한국은 독주하여 북에 접근, 양보하기 시작하고, 각국에게도 제재완화를 호소한다.

○ 미 · 북 모두 한국으로부터 '직접 회담으로 해결할 수 있다' 는 권유를 받아 두 번째 회담을 하지만 실제로는 한국의 대변과는 달리 실패한다.

○ 미 · 북 모두 한국이 '중개자' 라는 것을 부정, 판문점에서 싱가포르회담이 반복된다.

문재인이 선거전을 치르고 있을 당시, 미 · 북 관계는 일촉즉발이었다. 2017년 그 흐름을 이어받아 핵 미사일 개발을 하기 시작했다. "ICBM(대륙간 탄도미사일)을 탑재할 수 있는 소형 수소폭탄" 에 이어, 중거리 탄도미사일 화성 12(5월, 8월, 9월), ICBM 화성 14(7월에 2번), ICBM 화성 15(11월), SLBM(잠수함 탑재형 탄도미사일) 북극성 2호(2월, 5월) 등의 미사일 발사시험도 이어졌다.

그러던 중 평창 동계올림픽을 앞두고 있던 2018년 연초부터 분위기가 달라졌다. 김정은은 새해 신년사에서 동계올림픽 참가 의사와 남북대화 가능성을 피력했고, 단번에 정세가 일변했다. 북한이 전술을 변경한 이유는 핵 미사일 개발이 대단원을 맞이해 더 이상 진전시키면 미국으로부터 공격당할지도 모른다는 우려가 생겼기 때문이다. 이와 같은 태도 변화를 통해 큰 대가를 얻으려 했다고 보는 견해도 있다.

실무자 협의를 거쳐 김영남 최고인민회의 상임위원장 등의 대표단이 평창올림픽에 참가한다. 여자 아이스하키는 남북한 단일

팀을 편성했다. 이에 관해서는 다른 항목에서 다시 살펴보겠다.

4월 27일, 문재인과 김정은의 남북정상회담이 판문점 군사분계선에서 이루어진다. 이는 역대 3번째 남북정상회담이기도 했다. 양정상이 도보로 남북을 왕래하고, 김정은이 평양냉면을 대접하기도 하는 영상도 공개되면서 '평화' 분위기는 단번에 고조되었다.

'판문점 선언'은 한반도의 '완전 비핵화'와 한국 전쟁 '종전 선언'의 조기 실현 등에 관한 합의였다. 그런데 한국이 북한에게 비핵화를 강력히 요구하지 못하고 두 정상의 단독 산책 시에도 문재인이 "어떻게 미국을 설득하면 좋을지"에 관한 조언이 전부였던 것은 아닐지 추측해 본다. 양자는 한 달 후인 5월에도 다시 판문점에서 회담을 한다. 방향은 정해졌어도 다시 위태로워진 미·북회담에 관한 사전 협의로 보인다.

미·북 싱가포르회담 실현에 한국이 '중개 역할'을 했다는 것은 틀림없다. 정의용 국가안보실장은 북한을 방문하여 김정은과 면담 후, 대통령 특사로 방미하여 김정은이 '비핵화' 의사가 있다는 것, 한국이 재차 확인했다는 것, 트럼프 대통령과의 회담을 바라고 있다는 것을 전달했기 때문이다. "북한은 대놓고 말할 수 없지만 비핵화 의사를 가지고 있으니까 우선은 만나야 한다"고 중개했던 것이다.

첫 미·북회담이 된 싱가포르회담에서의 구체적인 합의 내용은 없었다. 요컨대 "만나서 악수만 했다"는 것뿐이다. 물론 의미가 아예 없었다고는 할 수 없겠지만 '비핵화'에 관해서는 "앞으로 교섭에 임하겠다"고 할 뿐, 현실적인 대응은 아무것도 없었다.

미국의 본래 입장은 북한으로 하여금 핵과 핵시설을 신고하게 한 후 이를 검증하고 폐기시키는 것이 목표였다. 그런데 그럴 가능성이 희박하다는 낌새를 챈 후, 최소한의 목표로 삼고 있던 '완전하고 검증 가능하며 불가역적인(즉, 돌이킬 수 없는) 핵폐기(CVID)'를 이행시키고자 했으나 그것마저도 그만둔 것이다.

트럼프 대통령에게는 미국 대통령으로서 '최초'의 미·북 정상회담이었고, 이는 중간 선거에 활용할 수 있는 좋은 이벤트였던 것이다. 즉, 실리보다 명분을 취했다고 볼 수 있다.

그러나 이런 애매한 합의가 화근이 되어 미·북 교섭은 난항을 보이기 시작한다. 북한이 완전한 비핵화에는 응하지 않고 단계적 비핵화를 통해 대가를 요구하기 시작한 것이다. 7월에 '비핵화' 교섭을 독촉하는 폼페이오 미 국무장관이 방북했을 때 김정은은 만나주지도 않았다. 폼페이오 장관은 8월에도 방북할 예정이었으나 북한의 비난에 격노한 트럼프 대통령의 결단에 의해 중지되었다. 북한은 트럼프 대통령을 다루기 쉽다고 오해하여, 직접 담판으로 최소한의 희생으로 제재완화를 실현할 것으로 기대하였던 것이다.

이제 와서 생각해 보면, 이러한 오해는 당연한 것이었던 것 같다. 미국이 원하는 '비핵화'와 북한이 "비핵화인 것처럼 보이려는 제스처"에는 너무나도 큰 차이가 있었기 때문이다. 결국 미국은 북한이 비핵화 의지가 있는지 믿을 수 없게 된 것이다.

그런데 문재인 정부의 인기의 원천은 '평화' 분위기이므로 이 정부는 다시 '중개역'을 하기 시작한 것이다.

김정은과 입을 맞춘 문재인

김정은은 '평화' 분위기에 취해 있는 한국과 문재인 정부를 지렛대로 이용할 생각을 한 듯하다. 또다시 남북화해 분위기를 고조시키면 대미교섭도 하기 쉬워지고 한국을 마음대로 조종할 수 있다. 결국 문재인은 9월에 평양에서 세 번째 남북정상회담을 했다. 김정은은 몸소 공항으로 마중 나와 포옹을 해준다. 고급 오픈카에 동승하여 동원된 시민들의 환영 속에 퍼레이드를 한다. 이 모습은 나중에 유엔안보리 북한제재위원회 전문가 패널 보고서에서 '제재위반' 사례의 사진이 된다. '평화' 분위기를 갈구하고 있던 한국 국민들에게는 만족할 만한 서비스였을 것이다.

이런 교묘한 접대를 통해 상대방을 믿게 하여 가장 중요한 부분을 양보시키는 전술이야말로 북한의 전통적인 수법이다.

이런 일련의 과정을 통해 '평양선언'이 공표되었다. 미국이 요구하는 신고, 검증, 폐기는 거부하면서도 미국을 회담 자리에 앉게 하는 것에 무게를 둔 것이다. 동창리 미사일 발사시설의 폐기, 미국이 '상응 조치'를 취하는 조건으로 영변 핵시설을 폐기한다는 내용은 얼핏 내용이 있는 것처럼 보이지만 실은 새로운 것이 없다. 요컨대 최소한의 양보로 미국으로부터 끌어낼 수 있는 것이 무엇이지 간을 본 후에 '상응하는 조치'로서 얻어낼 수 있는 것을 문재인이 교섭하도록 하겠다는 것이다.

물론 문재인에게 줄 당근도 잊지 않았다. 향후 남북협력, 즉 철도연결과 개성공업단지, 금강산관광사업 재개, 그리고 문재인의 소원인 김정은의 서울 답방도 명기하고, "잘 되면 더 큰 쇼를 보여줄 테니 제대로 하라"는 식으로 부추겼을 것이다. 이는 문재인 정부를 앞장서게 하기에 충분했다.

나는 이 시점에서 이미 한국과 북한이 짜고 치는 고스톱을 하고 있다고 생각했다. 미국(국무성 소식통)이 평양선언과 같은 조건을 받아들일 리 만무하다. 그런데도 남북 쌍방 모두 전형적인 외교관행을 싫어하는 트럼프 씨(백악관)에게 직접 교섭하여 트럼프로 하여금 '획기적인 행동'을 하게 만드는 것이 가능하다고 생각한 것 같다. 더구나 미국은 중간 선거를 앞두고 있었기 때문에 트럼프는 트럼프대로 자신에게 유리하다고 판단하여 한 방 날릴 것으로 생각한 것은 아닐까?

트럼프는 어느 시점까지 문재인을 믿고 있었을까?

한편 트럼프 대통령은 어느 시점까지 문재인 씨를 '중개자'로 '믿고' 있었던 것일까? 지금 되돌아보면 평양 정상회담이 큰 계기가 된 것이 아닐까? 이것이 내 가설이다.

문재인 정부는 평양선언 이후 '비핵화' 교섭이 진전되지 않아 애가 타고 있는 미국을 경시하고, 유엔제재 위반으로 간주될 수도 있는 행위를 반복한다. 그리고 오히려 미국에 대하여 "비핵화를 원한다면 제재와 군사적 긴장 완화를 먼저 해야 한다"는 언동을 하기 시작했다.

평양선언의 '군사분야 합의서'도 남북 국방장관이 서명했다. 내용은 판문점 공동경비구역(JSA)의 남북 간 자유로운 왕래라는 선행(善行) 이미지 홍보뿐만이 아니다. 군사경계선 상공에서의 비행금지구역 설정, 비무장지대(DMZ) 감시초소(GP)의 시험적 철수, 황해 진입 선박을 통제하는 '평화수역' 설정, 대규모 한미군사훈련 제한 등이 포함되어 있었다. 놀랄 만한 것은 미군도 깊이 관련되어 있는 이 내용의 합의에 있어서 문재인 정부는 동맹국인 미국과 사전 협의와 설명도 없이 일방적으로 체결한 후에 '사후

통보'를 했다는 것이다. '운전석'에 앉아 있다는 그들의 의식은 도를 넘는 것이었다.

그런데 미국의 격노를 대서특필한 곳은 한국 언론이 아닌 일본 경제신문사였다. 폼페이오 국무장관은 강경화 외무장관에게 도대체 "무슨 생각을 하고 있는가!"라고 격노했다고 한다. 당연했다. 북한과 합의하기 전에 미국에게 그 내용을 사전에 전달하지 않는다면 군사동맹이 유명무실한 것이 된다. 한국은 이를 부정해 놓고 한미 간의 대화는 늘 긴밀하다고 말한다.

같은 날 트럼프 대통령도 "한국은 미국의 승인 없이 아무것도 할 수 없다"고 강조했다. 이즈음부터 미국이 문재인 정부가 김정은에게 과도하게 접근하여 틈만 나면 제재완화를 언급하는 그 의도를 알아차린 것은 아닐까? 북한이 미국이 주장하는 '비핵화 리스트'나 '비핵화 시간표' 제출에 응하지 않고 한국이 대변하도록 하고 있는 것을 알아차렸을 것이다. 이런 한국에게 "하노이회담 결렬 가능성"을 사전에 전할 리가 없다.

만약 북한을 '비핵화' 시켜 한국 전쟁에 종지부를 찍고 베트남과 같은 국가로 만들 수만 있다면 트럼프 대통령의 이름은 세계사에 오랫동안 새겨질 것이며 크게 존경받을 수 있을 것이다. 트럼프 대통령은 이른바 '러시아 의혹' 문제로 곤혹스러운 상태였기 때문에 어느 정도까지는 한국의 설득 작업을 믿고 김정은의 태도 변화를 보며 한 번 작품을 만들어 보려는 생각이 있었을는지도 모른다.

판문점 회담을 실현시킨 것만 보더라도 미국이 북한 문제 자체를 포기한 것은 아니다. 다만, 한국이 동맹국으로서 성실하게 '중개' 해 주고 있는지에 관한 의문이 2018년 말경 생겨나기 시작했다고 볼 수 있다.

미국 대통령과의 대립

판문점 회담을 통해 미·북 간 교섭이 성사될 여지는 과연 있는 것일까? 북한은 하노이 회담에서 이미 드러난 영변의 핵시설 폐기만을 가지고 제재의 전면 해제를 주장했다. 즉, 이것이야말로 북한이 뜻하는 '비핵화'이며(물론 이는 비핵화가 절대 될 수 없다), 그 이상의 여지는 없다는 것이다.

북한 생각이 이런데 미국이 상대해 줄 리가 없다. 트럼프 대통령은 미국이 다른 세 군데 관련 시설 가동도 파악하고 있다고 말하고, 앞으로 어떻게 할 것인지 김정은을 사실상 압박한 것이었고, 이로 인해 정상회담은 무산되었다.

이 사건에서 두 개의 구도가 떠오른다.

우선, 미·북 간에 '한반도 비핵화'라는 인식 그 자체에 결정적인 차이가 있다. 그래서 교섭 자체가 어려울 것이라는 예측이 가능하다.

미국이 원하는 '비핵화'는 북한이 그 대상인데 비해, 김정은이 바라는 것은 '한반도 전체의 비핵화'이다. 즉, 핵보유국인 미국이 북한을 상대로 핵을 사용하지 않을 것, 괌에 배치된 미국의 핵을 문제시하고 있다는 것, 뿐만 아니라 미군이 한국에서 철수하는 것까지 포함된 '비핵화'이다.

어쨌거나 그 차이가 쉽게 메워지지는 않을 것이다. 그렇기 때문에 트럼프 대통령은 싱가포르에서 CVID를 고집하지 않고 일단은 김정은을 만나 사진 찍는 것으로 만족해하며 "구체적인 교섭은 나중이라도 괜찮다"고 했으리라.

그러나 이후 북한은 과도한 자신감으로 하노이 회담에 대한 잘못된 기대를 갖게 되었을 것이다. 그리고 러시아 스캔들에 더해 불륜 문제에서도 트럼프는 때리기를 당하고 있던 와중이므로, 미북 교섭 '성공'을 꼭 손에 넣고 싶을 것이라고 북한이 오해를 한 것 같다. 그런데 문 대통령은 김정은에게 속삭이듯 대화하고 있었다. 김정은은 이때다 싶어 한 방에 공세를 펼쳐 최소한의 양보로 최대한의 이익을 끌어내려는 욕심을 부린 것이다.

결국 양국 간에 커다란 인식의 차이가 있으며 합의는 불가능에 가깝다는 사실을 국제사회에 드러내고 말았다. 판문점 회담은 "다시 한 번 기회를 줄 테니 다시 시작해라" 정도의 의미밖에 없었던 것이다.

또 하나의 구도는 한·미의 심각한 대립이다. 미국은 한국을 전면적으로 믿고 있지는 않지만 북한의 위협에 대항하기 위해서는 한국과의 협력이 중요하다고 생각하고 있다. 그래서 미국이 수차례 우려를 전했음에도 불구하고 한국은 북한의 입장에 서서 가급적 북한에게 유리한 단계적 비핵화론을 관철시켰다.

이런 한국은 이해할 수가 없다. 한국은 북한의 핵미사일이 한국을 겨냥하고 있지 않다고 정말로 믿고 있는 것일까? 한국 국민들에게 총구를 겨누고 친형을 사린으로 독살하는 그런 김정은을 믿을 수 있는 것일까? 미국의 맥매스터 전 국가 안보보좌관은 퇴임후 "이는 한국을 겨눈 것이다"라고 속마음을 털어놓았다. 문재인은 얼마나 더 현실을 회피하려는 것일까?

"북한 생각만 하는" 문재인 정부의 한미관계의 기초는 "미·북간의 문제에서 어떻게 하면 미국이 북한에게 유리한 쪽으로 믿게 할 것인가" 뿐이다. 그들의 정치 성향은, 미국은 본래 방해꾼이고 한민족에 의한 한반도 통일국가 실현을 위해서는 언젠가는 나가 줘야 할 존재인 것이다.

문 정부는 처음부터 교섭 따위는 하고 싶지 않은데 현실적으로 어쩔 수 없이 해야 하기 때문에 미국과 상대하고 있는 것이고 최대한 이용하려는 것에 지나지 않는다. 이런 맥락에서 본다면, 일본은 지금의 남북관계에서 '방해꾼'인 것이고, 때문에 '패싱'하고 있다고 볼 수 있다.

문재인 정부의 중심축은 항상 북한이다. 그렇게 중요한 상대라면 좀 더 신중하고 치밀하게 대처했어야 했다. 그러나 불행히도 그들은 아마추어 집단이다. 국내언론용 브리핑조차 '가짜 뉴스'로 자신들의 입맛에 맞게 내용을 넣었다 뺐다를 반복했다. 청와대와 백악관의 발표 내용이 다른데 "청와대가 계속 내보내다 보면 미국을 리드할 수 있다"고 믿고 있었던 것이다.

최근의 사례로는 2019년 5월의 트럼프 문재인 전화 회담에서 청와대는 미국이 "한국의 대북한 식량 제공을 지지했다"고 발표했으나, 백악관은 이에 관해 일체 언급하지 않았다. 2018년 12월의 G20 성상회담시 청와대는 한미정상회담을 "(약식이 아닌) 공식 회담"으로 전한 데 비해, 백악관은 "pull-aside(비공식)"이라고 했다. 한미정상의 전화 회담 발표 내용에 이런 차이가 생기는 일은 이미 흔한 일이 되고 말았다.

전 세계의 언론정보, 정부의 공식발표, 인터넷에 쉽게 접속할 수 있는 이 시대에 이런 유치찬란한 정보조작이 유효하다고 믿고 있는 것일까? 나의 노파심이지만, 결국 거짓이 들통 나서 평가절하될 따름인데 말이다.

전 세계로부터 패싱당하는 친북 대통령

하노이 회담을 겪고도 아직도 문재인 정부는 "북한을 비핵화시키고 싶으면 제재완화가 필요"하다며 개성공업단지와 금강산 관광사업 재개 등 남북경협 추진 방침을 변경하지 않았다. '중개자'를 포기하지 못하는 문재인 정부는 워싱턴에서의 한미 정상회담을 재삼 미국에 제안하지만, 트럼프 정권의 답은 뜨뜻미지근했다. 간신히 돌아온 대답은 "4월 11일이라면 만날 수 있다"였다.

콕 집어서 이 날을 지정한 데에는 충분한 의도가 있었던 것으로 보인다. 문재인 정부를 비롯한 진보진영에게 이 날은 대한민국 임시정부(상해임시정부) 100주년을 경축하는 날이며, 그들의 역사관에 따라 "대한민국 건국 100주년"을 경축하고 싶은 날이었기 때문이다. 즉, 미국이 "오지 않아도 된다"라는 의사를 돌려서 말한 것으로 보인다.

그럼에도 불구하고 문재인은 1박 3일이라는 빡빡한 일정으로

갔다. 그리고는 가까운 시일 내에 남북정상회담을 하고 싶다는 것과 트럼프 대통령의 방한(5월 방일 후, 혹은 오사카 G20 방일 후)을 요청했다.

중앙일보의 보도에 따르면, 회담은 전체 2시간 정도였지만 문재인 정부가 중요시했을 '단독', 즉 대북강경파인 폼페이오 국무장관과 볼튼 보좌관을 뺀 단독회담은 사실상 2분뿐이었다. 그것도 이례적인 부인 동반이었다.

당초 15분 예정이던 정상만의 회담은 전체 29분으로 늘어났지만 서두 발언에 이은 트럼프 대통령과 기자단의 간담은 총 27분을 차지했다. 더구나 대화 중에 골프 마스터스 선수권 승자가 누가 될 것으로 예상하느냐는 질문을 받고, 이를 제지하기는커녕 "타이거 우즈나 더스틴 존슨이 유력하다"고 답한 것이다.

이는 "문재인과는 아무것도 이야기할 것이 없다"라는 의사표시였다. 과거 어떤 정상회담에서도 이런 광경을 본 적은 한 번도 없다. 문재인은 취임 후 가장 심혈을 기울여 왔던 임시정부 100주년 식전을 '버리고' 왔는데 별로 중요해 보이지 않는 화제에 어색한 미소를 띤 채 엄청난 수모를 겪게 된 것이다.

2019년 5월, 레이와(令和)시대 최초의 국빈으로 트럼프 대통령의 방일이 한국에서도 보도되었다. 골프장에서의 기념촬영과 스모 관람, 노바다야끼 식사 등의 영상, 새 일왕과 왕후와의 회견과 만찬회, 호위함 '카가' 승함(乘艦) 등이 자세하게 전해졌다. 미일의 밀월 보도를 목격한 사람들, 그중에서도 특히 문재인 정부에 위기감을 안고 있는 한국 언론들은 안절부절못했던 것 같다.

이런 분위기 속에서 5월 26일 자 산케이신문에 따르면 "트럼프 대통령은 아베신조 수상에게 '한국과 북한 간에 대화의 진척이 전혀 없다'고 지적하면서, 양 정상이 한국에 대한 우려를 공유" 했다고 한다. 또한 "문재인 정부로부터 한국에 '와 달라 와 달라'고 재삼 방한 요청을 받은 사실도 말했다"고 한다. 미국의 의도를 오해, 혹은 일부러 곡해하여 북에 전하는 정부와는 더 이상 할 말이 없는데 어떻게 대처해야 좋을지 난감해하는 모습을 엿볼수 있다.

미국뿐만이 아니다. 평양선언 후인 2018년 10월, 문재인은 유럽을 순방하며 각국 정상들과 EU의 정상들을 만나 한반도 문제에 대한 이해와 제재완화에 대한 협력을 호소했다.

그러나 동조해 주는 정상은 없었다. 듣게 된 말은 외교적 수사에 지나지 않았고 비핵화 달성까지 제재는 지속되어야 한다는 원칙론에서 벗어나지 못했다.

　그중에서도 최대의 '치욕'은 프랑스의 마크롱 대통령과의 회담 후의 공동성명이었다. 문재인은 거의 동 시기에 정권출범이라는 공통점을 언급하며 분위기 조성을 시도했으나, 마크롱 대통령은 비핵화는 미국이 제시하고 있는 것 이상의 강경한 CVID이어야 한다며, 이 용어 자체를 공동선언에 넣었고, 기자회견에서도 이 용어를 사용했다.

　의견의 차이는 어쩔 수 없다 치더라도, 이토록 입장이 다르다면 좀 더 원만하게 끝내는 것이 외교의 기본인데 또다시 아마추어 외교가 스스로의 무능함을 노출시켜 버린 셈이다. 상대국은 안보리 상임이사국인데 너무나도 안이한 대처였던 것이다.

　그로부터 이틀 뒤의 일불(日佛) 정상회담에서는 제재의 완전이행의 필요성을 확인하고, 프랑스는 이제 선박 환적(船舶換籍) 대책의 일환으로 함정 파견을 실시하고 있다. 분위기 파악을 이렇게 못할 수 있다니…

'선박 환적 대책'을 하지 않는 한국에게 제재를

　세계는 이미 한국을 '북한의 대변자'로 보고 있을 뿐만 아니라 국제사회가 협력해서 수행하고 있는 유엔제재를 한국이 파기하고 있는 것이 아닌가, 하고 의심하고 있다.

2019년 1월에 남북이 개성에 설치한 연락사무소에 반입된 석유 제품에 대해 유엔안보리 북한제재위원회 패널 보고서에서 "제재 위반"이라고 지적한다. 3월에는 미 재무성도 북한과의 위법 해외 거래(이른바 선박 환적)가 의심되는 리스트에 한국 선박을 포함시켰다. 4월에 이르러서는 선박 환적을 위해 일본에 파견한 연안경 비대 함정을 부산에 입항시켰다. 명분은 훈련을 위한 것이었으나, '선박 환적 대책'에 임하도록 한국에 압력을 가하고 있는 것 같기도 하다. 한국도 제재위반 혐의로 유치 중이었던 선박이 있다는 것을 이때다 싶어 발표하여 국제사회에 협력하고 있는 듯한 포즈를 취하기도 했다.

그러나 2019년 5월 7일 조선일보에 따르면, 국영(國營) 한국석유공사가 최대주주인 석유물류기업에 의해 국내외 선박에 선적된 석유류의 상당 부분이 한국 영해 내에서 지속적으로 북한 선박에 환적되고 있었다는 것이 야당인 자유한국당 의원에 의해 폭로되었다. 이는 명확한 안보리 결의 위반이다. 선박 중에는 이미 선박 환적 혐의로 해양경찰의 수사를 받고 있는 배도 포함되어 있다고 한다.

문재인 정부는 겉으로는 북한에 대한 제재를 완화, 해제하도록 국제사회에 호소하고 있다. 하지만 나는 이것이 문재인의 진심이라고 생각하지 않는다. 제재를 지키려는 의사가 그에게는 처음부터 없었고 어찌하든 빠져나갈 구멍을 찾고 있는 것처럼 보인다.

선박 환적 대책 활동은 대·중 전략과도 연계되어 미·일뿐 아니라 영·불을 비롯하여 캐나다, 호주, 뉴질랜드가 참가하는 다국적 작전이다. 한국도 참가하고 있는 척은 하고 있으나 그 뒤에서 무슨 일을 하고 있는지 알 수 없다. 해상에서의 정확한 포착은 매우 어렵기 때문이다.

교도통신(2019년 6월 13일)에 따르면 "6월, 미 유엔대표부는 미·일 등 26개국 연명(連名)으로 안보리의 북한제재위원회에 문서를 제출했다. 2019년 한 해에만 북한은 선박 환적을 79회 했다"고 지적했다. 이 기사에서 외교 관계자의 말을 인용 "2018년에 북한에 공급된 석유 정제품의 양은 유엔안보리 결의에서 정하고 있는 연간 50만 배럴의 7배에 달하고 있으며, 2019년에도 이와 같은 페이스, 즉 이미 상한선을 크게 초과하고 있는 것으로 보인다"고 한다. 이 중 한국이 관련된 거래가 포함되어 있는지 여부는 지금까지의 문재인 정부의 행태에 비추어 볼 때 철저히 추적할 필요가 있다.

지금까지 각국은 한국에 대한 대응을 억제해 왔다고 볼 수 있다. 그러나 이제는 더이상 그럴 시기가 아니다. 일본은 향후 각국과 더욱 협조하면서 한국의 제재위반을 적극적으로 지적하고 제재위반에 대해 제재를 가해야 하는 것이 아닐까. 일본만이 아니라 미·영·불을 비롯해 국제사회와 함께 한국을 규탄하고 관련 기업에는 미국의 세컨더리 보이콧(북한을 상대하는 제3국의 개인과 기업에 대한 포괄적 제재)과 같은 '실해(實害)'를 가해야만 한다.

북한을 보면, 북한산 석탄이 러시아를 경유해서 한국으로 이송되고 석탄가스로 가공되는 예도 있다고 한다. 문재인 정부는 제재위반 혹은 아슬아슬한 선을 넘나들면서 이를 '정의'라 생각하며 행동하고 있는지도 모른다. 그렇다면 그런 행동이 국제사회로부터는 전혀 인정받지 못하고 있다는 사실과 전 세계로부터 고립되고 있다는 것을, 이 정부를 선택한 한국의 유권자들에게 알려야만 한다.

한국 언론은 왜 제재위반 의혹을 검증하지 않나

한국의 유권자가 이런 문제의식을 느끼기 어려운 배경에는 국내 언론과 기자들의 '태만'이 있다. 그들은 정부에 협력 혹은 배려하는 나머지, 진실을 보도하지 않고 있거나 편향적 보도를 일삼고 있다.

예를 하나 들어보겠다. 2018년 11월, 한국은 북한에 '귤'을 보냈다. 평양 남북회담에서 송이버섯 2톤을 선물 받은 답례품으로서 제주도산 귤 200톤을 군용기로 공수했다고 한다. 보존도 비축도 할 수 없으니 제재 저촉이 아니라고 한다.

이 귤은 제주도 서귀포시의 4군데 농협을 통해 조달되었다고 한다. 어느 농가의 어느 밭의 산물인지는 보도되지 않았다.

귤을 상자에 담을 때 귤만 들어갔다고 누가 장담할 수 있겠는가. 금이나 외화가 들어 있을 가능성을 왜 어느 언론도 의심하지 않는 것일까? 만약 그것이 사실로 밝혀진다면 정권이 뒤집힐 특종이다.

사정에 밝은 사람에 따르면, 만약 같은 상황에서 일본의 기자였다면 반드시 귤의 생산 농가를 확인하려고 할 것이고, TV라면 인터뷰를 하거나 실제로 먹어보기도 할 것이다. 그것이 곧 기자정신이며 '건전한 호기심'이 아닐까?

한국의 언론, 그리고 저널리즘이 그렇게 하지 않는 이유는 무엇일까. 이런 식이라면 문재인 정부는 얼마든지 속일 수 있게 된다.

정권이 언론을 잡고 있어서인지, 언론이 자숙하고 있어서인지, 혹은 단순한 태만인지, 어쨌든 이런 문제들을 파헤치지도 않으면서 저널리스트라고 말할 수 있는 것일까.

'평화' 뒤편에서 탈북자들은 울고 있다

탈북자들의 대부분이 문재인 정부의 대북 정책을 강하게 의문시하고 있다는 점으로도 이런 '평화' 무드가 기만에 가득 차 있다는 것을 알 수 있다.

그들은 사람답게 살기 위해 탈북하여 목숨을 걸고 한국에 넘어왔다. 육친과 헤어지는 고통을 감수하며 자유와 번영을 갈구하여 국경을 넘어온 것이다. 그러나 그들에 대한 한국사회의 태도는 '평화가 왔다', '봄이 왔다'는 슬로건을 외치고 있는 것에 비해 차갑고 서먹서먹하다.

대부분의 탈북자들은 심한 경쟁사회인 한국에서의 삶이 낯설기만 하다. 받아온 교육시스템이 다르고 교육의 질이 다른 것도 큰 핸디캡이다. 심지어 정착을 위해 일정액이 지급되는 지원금이나 수당 등이 "일하지도 않으면서 편하게 생활한다."고 비판받기도 한다. 그러나 최근에 와서는 탈북자 젊은이들이 유튜브를 통해 자신의 생각을 말하고 있는 사례들도 있어 조금씩 이해를 받기 시작했다는 지적도 있다.

어느 정도 지원을 받은 후에는 물론 자립해야 한다. 그러나 고령 탈북자가 한국에서 '좋은 직업'을 찾기는 어렵다. 재원과 원동력도 부족하다. 공장에서 장시간 일하기 힘든 탈북자들의 경우 일반적 노동 습관을 경험한 적이 없다. 그렇기 때문에 그들이 한국에서 힘겨운 생활을 하게 되는 것은 어찌 보면 어쩔 수 없는 일일지도 모른다. 한국에서 나고 자라 교육받은 젊은이들조차 어려운 현실에 직면하고 있으니까 말이다.

저축도 없고 믿고 의지할 수 있는 친척도 없으니 단순노동으로 어떻게든 생활을 이어나갈 수밖에 없다. 그런 일조차 손님을 대면하는 일일 경우 '북한 사투리'를 쓴다고 채용되지 않을 때도 있다고 한다. 이런 상황은 탈북자들만 아니라 연변 조선족이 처한 환경과도 비슷하다. 한국에서 조선족은 일반적으로 모여 살지만 그들을 바라보는 "보통의 한국인"들의 시선은 대체로 차갑고 경계심에 가득 차 있다.

남북통일을 긍정적으로 바라보는 한국인들의 대부분은 통일 후의 경제효과를 '장밋빛 미래'로 생각한다. 재벌들의 사본으로 값싼 노동력을 이용해 국제경쟁력을 높이려 하겠지만, 과연 그런 계산이 맞아 떨어질까? 한반도 통일 비용은 독일 통일과 비견할 수 없다고 한다. 목전에 거대 장애물이 가로막고 있는 것이다.

북한의 노동력이 글로벌 경제활동에 금방 적응할 수 있을 리가 없기 때문이다. 북한 지원을 위한 비용이 남한에게 큰 부담으로 다가올 것이다. 위험을 각오하고 한국에 온 탈북자들조차 한국에서의 안정된 생활이 어렵다. 한국사회도 탈북자들의 자질 활용이 어렵다면 통일은 결코 경제적으로 장밋빛이 아니라는 것은 쉽게 상상할 수 있다. 그러니 북한 인민들에게는 더욱 그럴 것이다.

북한 노동자들이 저임금으로 높은 노동생산성을 발휘하게 된다면 한국의 저부가가치 노동자들은 더욱 어려운 처지에 놓이게 될 것이다. 그렇게 된다면 세계적으로도 그 투쟁성으로 손꼽히는 한국의 노조가 과연 그런 상황을 가만히 보고만 있을까?

이런 상황 속에서도 탈북자들은 현실 적응을 위해 매일매일 있는 힘을 다해 살아가고 있다. 이들은 북한의 인권문제를 호소하기도 하고, 김정은 정권을 비판하기도 한다. 언론의 자유가 보장되는 한국이라 가능한 일이다.

그런데 특히 남북의 '평화' 분위기가 시작된 2018년 봄 이후, 문재인 정권은 정부로서 북한 비판 활동을 접었을 뿐 아니라 탈북자들로 구성된 단체들의 대북용 삐라와 USB 메모리 살포의 자숙을 요청했다고 한다. 현재 한국에 있는 탈북자 중에서 가장 높은 지위에 있었던 태영호 전 주영공사의 활동을 제한했다는 보도도 있었다. 정부는 이를 부정하고 있으나 진상은 알 수 없다.

이뿐만이 아니다. 도저히 믿을 수 없는 일이지만 2018년 10월, 통일부는 판문점에서 이뤄지는 남북고위급회의 취재진 중 탈북자 출신의 조선일보 기자를 배제하는 망동을 저질렀다. 중앙일보 일본어판(동 16일 자)에 따르면, 이는 북한의 요구가 아니라 어디까지나 한국의 독자적 조치였으며, 조명균 통일부장관(당시)은 "판문점이라는 특수 상황과 남북고위급 회담의 여러 가지 상황을 감안하여 내린 판단 … 중략 … 이며 책임은 내가 진다"고 했다고 한다.

국민의 알 권리, 저널리스트의 자유로운 활동보다도 북한에게 주는 인상을 우선시하며 북한의 마음을 헤아려 처리해 준 것이다. 도무지 민주주의 국가라고 할 수 없는 경거망동이었다.

본래 문재인은 인권변호사였다. 그런데 그는 왜 북한의 인권 침해에 관해서는 입을 다물고 있는 것일까?

일본에 대하여는 70년이나 더 이전의 '위안부 문제', '징용공 문제'에 관해 본인이 인권파라며 그 이미지를 전면에 내세우면서도, 북한의 현재진행형 인권문제에 대해서는 입을 다문다.

문새인에게 있어 '인권'이란 결국 자신에게 유리할 때에만 꺼내드는 키워드인 것이다. 노무현 정부 시절인 2007년, 유엔인권위원회에서의 북한인권 결의안 채결에 앞서, 정부 내에서 "찬성이냐 기권이냐"로 의견이 분분한 가운데, 문재인 비서실장(당시)은 북한 정부의 의향을 서면으로 확인하고, 북한의 반발로 기권한 적도 있었다. 즉, 인권보다 북한의 의향을 중시한 것이다. 이런 인권변호사가 존재하다니…

안보를 소홀히 하는 대통령

평양선언의 '군사 분야 합의서'에 대해서는 이미 말했지만, 문재인 정부는 이 합의에 의해 북한과 평화를 향해 나아가게 된다면 군비는 필요하지 않을 것이라는 강한 기대감을 갖고 있는 듯하다.
다만 기대하기만 하면 다행인데, 실제로 비무장지대에 있는 감시
초소(GP)를 철수해 버렸다는 소식을 듣고 쇼크를 받았다.

이런 행동의 배경에는 평양선언에 포함된 김정은의 서울 방문
이 구체화되지 않아 성의를 보여주고 싶은 생각이 있었는지도 모
르겠지만, 감시초소를 폭파하는 모습을 촬영한 후 공개하고 남과
북이 서로 철수한 상황을 도보로 확인하는 등의 깜짝 쇼도 연출했
다.

한겨레 일본어판(2018년 12월 13일 자)에 따르면, 문재인은 청와대
에서 생중계로 영상을 보면서 "이번 상호간 감시초소 철수와 상
호검증은 그 자체만으로도 우리 남북의 65년의 분단사에 새로운
획을 긋는 사건(중략)", "군사적으로 서로 대립되어 있던 비무장
지대 내에서 남북이 샛길을 만들어 왕래하고, 대립하면서 경계하
고 있던 감시초소를 철거하여 투명하게 검증한다는 것은 과거에
는 상상조차 하지 못했던 일"이라 했다고 한다.

그러나 이런 상황은 너무나도 이상하다. 한국의 헌법은 대통령
은 "국가의 독립, 영토의 보전, 국가의 계속성과 헌법을 수호하
는 책무를 진다"고 되어 있다. 문재인의 행동은 명백히 이를 위반
하고 있기 때문이다.

현재 북한은 핵미사일과 장거리포 및 로켓포를 38선 북측에 배치하고 있다. GP 및 38선 근방의 감시비행은 후자의 감시를 위한 책무가 있으므로 영토 안전을 위해서는 북한의 무장을 반드시 해제시켜야만 한다. 그런 교섭은 하지도 않고 기대만 가지고 일방적으로 방위력을 약화시키는 일이 용서될 리 없다. 더군다나 그런 행동을 '평화의 상징'이라고 선전하다니, 도무지 이해할 수 없는 인물이다.

이런 상황을 곧이곧대로 받아들이는 국민들 또한 너무나도 천진난만하다. 기내에 부푼 꿈을 안고 현실을 직시하지 않은 채, 아무리 '평화'를 외친다 하더라도 결국 이는 '평화'의 향방을 북한에게 위임하는 일이니 말이다.

북한이 핵미사일과 포문을 철거할 리 만무하다. 북한은 군사력이 있기 때문에 국제사회가 '상대'해 주고 있는 것이니, 그 핵심을 놓친다는 것은 자기모순에 빠지는 일이기 때문이다.

문재인 정부는 "비핵화 교섭에 이바지하기 위해" 미군과 매년 하던 대규모 군사훈련 '폴 이글'과 '키리졸브'를 종료하고, 2018년에 대폭 축소한 '을지 프리덤 가디언 훈련'도 2019년에는 한국군 단독으로 하고 있다.

한편 2020년 하반기까지 한미 양군은 대규모 군사훈련을 할 예정이나, 이는 '전시 작전통제권'을 한국에게 반환하기 위한 검증을 위한 것이라고 한다. 문재인 정부는 임기 중(~2022년 5월)에 이 전시작전권 전환을 지향하고 있다.

그러나 이런 시책들은 한미동맹의 약화, 유명무실화로 이어질 것이다. 노무현 대통령 시절에 추진된 전시작전권 전환은 이명박 대통령 시절에 연기되었다. 그 이유로서는 "한국군의 정보수집 능력과 작전 대응력으로는 아직은 안전하게 국가를 지킬 수 없다"는 판단에 따른 것이다. 국가방위 준비가 정비되어 있지 않은 지금 이 시점에 실행을 한다는 것은 자살행위라고 해도 과언이 아니다.

한국을 속국 취급하는 중국

중국도 한국을 상대하지 않기 시작했다. 이제는 기억이 희미해진 분들도 계시겠지만, 미·중 무역전쟁 전부터 중국은 싸드(THAAD) 철거를 한국 정부에 요구했고, 오사카 G20에서도 다시 다짐을 시켰다. 그렇지만 한국 정부가 철거를 하게 되면 한미동맹에 균열이 생기므로 배치 후 운용하고 있다.

그러나 그 대신 한국은 중국에게 '삼불(三不)'을 공약했다.

(1) THAAD를 추가 배치하지 않겠다.

(2) 미국 미사일 방어체제에 들어가지 않겠다.

(3) 한미일 관계는 군사동맹으로 발전하지 않겠다는 것이었다.

이 세 가지 공약만 보아도 한국과 중국이 주권국가 간의 관계인지 예전의 조공(朝貢) 관계인지 의심스러운데, 공약을 지켰음에도 불구하고 중국은 여전히 칼을 휘두르며 '한한령(限韓令: 간접적으로 한국기업의 활동이나 중국인의 한국여행 등을 제한하는 것)'을 완전히 풀지는 않고 있다.

한국을 속국 취급하는 중국의 태도는 2017년 12월, 국빈으로 문재인을 초청했을 때 알 수 있었다. 3박 4일 총 10번의 식사 중 중국 요인들과 함께 식사를 한 것은 단 2회(시진핑 주석, 천민얼(陳敏爾) 충칭시 당서기)로 나머지 여덟 번은 '방치'되었다. 이른바 '혼밥' 신세였던 것이다.

일본과 역사 문제를 타협할 생각은 전혀 없는 문재인 정부이지만 중국에게는 저자세이다. 이는 노무현 정부 때부터 변함이 없다. 독도 문제를 영토 문제에서 역사 문제로 걸고 넘어졌고, 이렇듯 일본에게는 사사건건 항의하면서도 '동북공정'(고조선이나 고구려, 발해 등의 역사를 중국사로 생각하는 역사관)에 관해서는 중국이 "입 다물어!"라고 하면 바로 침묵한다.

게다가 국민건강을 위협하는 대기 오염물질의 대부분이 중국에서 날아오고 있어(복수의 연구기관에 의해 명백해짐) 중국에 대책을 타진했지만 상대해 주지 않았다. 그러자 "국내 차원에서의 대책 마련이 시급하다"는 식으로 대국민 홍보에 열을 올리고 있다. 오사카에서의 G20 정상회의 전에 시진핑 주석의 방한을 요청했으나, 이 또한 계속 연기하더니 결국은 거절당했다.

중국은 문재인 정부를 상대해 주지도 않고, 문재인 정부는 한국이 속국 취급을 당하는데도 항의하지 않는다. 그들이 도대체 어떤 일관성을 가지고 외교를 하고 있는지 심히 의심스럽지만, 이런 판단 착오가 향후 더 심각해질 미·중 패권 다툼 속에서 스스로를 더욱 힘든 처지에 놓이게 할 것이다.

화웨이 문제도 한국의 전자기기산업과 크게 관련되어 있지만 지금까지 문재인 정부는 미·중 어느 쪽 편도 들지 못하는 가운데 자국 기업을 지키기 위한 명확한 입장조차 제시하지 못하고 있다. 결국 모두 기업의 판단에 맡긴다며 '손을 들고' 있다. 이는 한국의 경제 기반을 흔들 만한 큰 문제임에도 불구하고, 한일관계와 똑같이 책임회피만 하고 있다.

이미 전 세계 대부분의 국가들이 중국이 문제라고 말하고 있는데도 문재인 정부는 그 심각성을 모르고 있는 것인지, 아예 이해할 생각이 없는 것인지, 못 본 척하고 있는 것인지 모를 일이다.

주요국 중 화웨이에 대한 제재 완화를 지지하며 문재인 정부가 바라는 말을 해 줄 국가는 이제는 더 이상 없다. 한국의 원조를 바라는 국가들이라면 립서비스를 하면서 상대해 줄지도 모른다.

G20으로 대가를 치르게 될 것

문재인 정권의 이런 성향이 잘 나타난 것이 2019년 6월 말의 G20 오사카 정상회의였다. 문재인은 호스트국의 정상인 아베 총리와는 단 몇 초간의 악수밖에 할 수 없었고, 미국 중국 등 다른 주요국 정상들에게도 앵무새처럼 지금까지의 방침을 반복했을 뿐이었다.

이제 한국 외교는 사방이 꽉 막힌 상태이다. 일본의 독자들은 이미 경험한 한일관계의 복사판이라고 생각하면 이해가 빠를 것이다.

본래 한국 외교는 북한과의 관계를 중심으로 움직여 왔으며, 동아시아의 지정학이나 국제사회 전반에 대한 배려는 결여되어 왔다. 그런데 문 대통령은 남북관계를 개선하고, 북한의 비핵화에 공헌하고 동아시아에 '평화'를 가져다주고, "한반도에 봄을 불러들인 주인공"으로서의 자신의 이미지를 굳혀 왔다.

그러나 문 대통령이 제창하는 북한의 비핵화 의지는 기만이었
으며, 이제는 누구도 그를 믿지 않는다. 그럼에도 불구하고 북한
에 대한 견해를 바꾸지 않고, 국제적 공헌도 하지 않는 한국을 국
제사회는 더 이상 상대해 주지 않는다.

문재인은 판문점에서의 미·북 회담으로 점수를 딴 것처럼 보이
지만 그저 잘 이용당하고 있을 뿐이다. 그것도 그럴 것이, 김정은
은 처음부터 문재인을 대미교섭에 이용하기 위한 존재로밖에 생
각하고 있지 않았으며, 도움이 되지 않는다면 정기적인 남북정상
회담에 응할 생각도 없기 때문이다.

북한은 심각한 식량 부족 상태에 있다고 하며, 천만 명이 식량
원조를 필요로 하고 있다고 한다. 김정은이 트럼프 대통령의 면담
요청에 응한 것은 이 때문인 것으로 보인다. 그런데 앞으로 존재
가치를 증명하기 위한 카드가 문 정권에게는 더 이상 남아 있지
않다.

이렇게 되면 경제 실정에 국민들의 이목이 더 모이게 될 것이
고, 지지율 또한 콘크리트 층으로 여겨졌던 40%대를 지켜내기 어
려울 것이다.

대다수의 한국 국민들은 '평화' 분위기를 환영했다. 그러나
그것은 문재인과 그 지지자들과 같이 친북성향이 있어서가 아니

었다. 분단민족으로서 평화로운 생활에 대한 기대와 장래에 나아가야 할 이상이 제시되어 자극을 받았기 때문이었다.

최근에 한국 보건사회연구원이 낸 조사보고서에 따르면, 2018년 6~9월에 전국의 성인 4천 명 정도를 대상으로 대면 인터뷰를 한 결과 "통일문제와 경제문제 중 하나만 선택해 해결해야 한다면 어느 쪽을 선택할 것인가?"라는 질문에 약 77%가 '경제문제'라고 응답했으며 '통일문제'를 선택한 사람은 단 7%에 지나지 않았다고 한다. 마찬가지로 "남북이 같은 민족이기는 하지만 반드시 하나의 나라일 필요는 없다"는 항목에 내해서는 농의가 56%, 반대는 53%였다고 한다. 또한 "통일 때문에 자신의 생활이 어려워져도 된다"에는 17%만이 동의했고 반대는 53%였다고 한다.

이 결과를 통해 알 수 있는 것은 현재 풍요롭게 살고 있거나 풍요롭게 살고 싶은 사람들은 북한을 '자신의 일'로 생각하고 있지 않다는 점이다. 이는 남북관계 개선, 그리고 통일을 위해 유권자가 큰 비용을 지불할 생각은 없다는 것이기도 하다. 그런데도 여전히 문재인 정부가 남북통일로 나아가고 싶다면 국제사회의 협조가 반드시 필요하다. 그러나 협조를 얻어낼 능력이 그들에게는 없다.

이대로 가다간 '통일조선'이 된다.

문재인 정부의 2년간을 뒤돌아보면 "꾸준히 국방력을 약화시키고, 미군을 철수시키고, 남북이 대등한 통일을 지향한다"는 것도 진상을 정확하게 지적한 견해는 아닌 셈이다.

문재인은 일반적인 한국인과는 달리 여하튼 북한과의 화해가 최우선이다. 북한은 건국 이래 일관되게 북한 주도의 한반도 통일을 목표로 하고 있다는 것을 문재인은 어떻게 생각하고 있을까? 문재인이 통일을 진심으로 원하고 있는지는 분명하지 않다. 그러나 통일을 부정하지는 않는다.

그렇다면 문재인은 어떠한 '통일'을 그리고 있는 것일까? 그는 통일만 된다면 형식은 중요하지 않다고 생각하고 있는지도 모른다. 현재의 상황으로서는 한국이 북한의 영향을 더 많이 받아, 결국은 북한이 원하는 통일이 될지도 모른다. 상상하기도 싫지만, 앞으로 진보세력이 선거에서 이겨 장기집권을 하게 되면 다음 장에서 말할 '독재정권'이 가일층 강화되어, "국민이 자유 의지로 선택"했다고 자부하며, 형식만 남북이 대등한 통일이 될 위험성이 크다.

그렇게 되면 한국 헌법에 명시되어 있는 통일이 아니므로 '통일한국' 이라기보다는 북한에게 최대한 양보한 '통일조선' 이 될 것이다.

과한 표현이 될지 모르지만, 비판받을 각오로 말하겠다.

자세한 내용은 제4장에서 말하겠지만, 한국경제는 문재인 정부의 실책과 무계획으로 인해 극심한 어려움에 처하게 되었다. 생활은 어려워지는 반면 일어설 기회는 좀처럼 없다. 재정지출을 확대하는 정부 때문에 재정 건전성도 악화될 것이다.

그러나 이대로 경제가 악화되면 이에 위기감을 느껴 정권이 교체되고, 지금의 진보정권이 물러남으로써 '통일조선' 을 막을 수 있게 될 것이고, 한국 국민은 최악의 사태를 회피하게 되지 않을까?

물론 나는 한국 경제의 악화를 바라고 있는 것은 아니다. 이미 한국인들은 충분히 곤란한 상황에 처해 있기 때문이다. 그러나 북한 정권하에서 살게 됨으로써 처하게 될 어려움을 생각해 보면 비교할 수조차 없다. 어느 쪽이 더 힘들까 생각해 보면, 북한에서 유린당하며 살게 되는 '통일조선' 일 것이라는 것은 자명하다. 앞서 말한 설문조사 결과에서도 알 수 있었듯이, 많은 한국인들도 나의 견해에 고개를 끄떡여 주지 않을까?

미국은 왜 '노딜'에서 멈춰 섰을까

　문재인 정부를 분석하고 장래를 예측한다는 본서의 취지에서는 약간 벗어나지만, 한국을 제외한 미·북 교섭의 분석과 북한 정세의 향후 예측은 매우 중요하다. 그래서 이에 일본이 어떻게 대처해야 하며 어떤 수가 남아 있을지에 대해서도 정리해 보고자 한다.

　2019년 2월 하노이 미·북 정상 회담에서 북한이 제시한 조건은 얼토당토않은 것이었다. 트럼프가 어느 정도는 들어주려는 마음이 있었다 해도 그 요구만큼은 도저히 용납할 수 있는 내용이 아니었다. 영변 일부를 무용지물로 만드는 대신에 제재 대부분을 풀어달라는 것이었는데, 미국이 볼 때 "비핵화 할 생각은 없지만 제재는 빨리 풀어달라"고 하는 것이나 마찬가지였으니 말이다. 북한은 왜 그런 무모한 제안을 했을까? 북한은 미국이 비밀 핵시설에 관한 자료를 갖고 있다는 사실을 전혀 몰랐기 때문이었으리라.

　아마도 한국이 오해를 사게 했을 것이다. 비건 미 국무부 대북 정책 특별대표와 폼페이오 미 국무부 장관과의 교섭에서는(미국이 요구하는 "비핵화"를 최고지도자가 아닌 사람이) 이행 약속을 할 수는 없었다. 그래서 고민에 빠진 북한에게 일단은 트럼프와 직접 교섭할 수 있는 장을 마련하여 "영변시설 폐기야말로 비핵화"라는 식으로 강력히 주장하라고 했을 것이다. 화해 분위기가 이미 무르익었으니 트럼프도 그 완숙의 기운을 잃고 싶지 않을 테니 양보할 것이라고 한국이 잔머리를 굴리게 한 것은 아닐까?

남북교섭 시작 시점부터 문재인 정권은 북한에게 "거짓이라도 좋으니 비핵화 의지가 있다고 말해 두면 미국은 반드시 교섭할 것"이라고 충고했을 것이다.

실제로 김정은은 하노이로 갈 때 "모두가 기뻐할 만한 훌륭한 결과를 낼 것"(조선중앙통신)이라고 호언장담했다. 이렇게 말한 배경에는 일정한 선에서 교섭이 이루어질 것이라고 확신했던 것 같다. 미국의 양보를 더 끌어내기 위한 압박용 전술이었을 것이다.

순진하게 "평화"를 믿으며 놓인 상황을 본인이 이해하고 싶은 대로만 해석한 문재인 정권에게 북한이 속은 모양새가 된 것이다. 트럼프 대통령과 대면하면 작품을 만들 수 있을 것이라는 문재인 정권을 믿고 하노이까지 갔는데, 수확이 전혀 없었을 뿐만 아니라 창피를 당했으니 말이다. 외교적 관례로 보아도 이런 불분명한 상태로 정상회담을 한다는 것은 위험부담이 큰데 말이다. 실패하면 만회하기도 어렵다. 김정은은 한국의 편향된 정보에 놀아난 것이고 그 결과 게임에서 진 것이다.

한국도 미국이 이렇게 고압적인 자세로 교섭에 임할 줄은 몰랐던 것 같다. 미국은 북한과 짝짜꿍인 한국에게 중요 정보를 줄 수 없었을 것이다. 그만큼 한미 간에 신뢰 관계가 없다는 것을 반증하고 있다.

시간은 김정은 편이 아니다

긴 안목으로 보자면, 한국의 과장된 연기 덕에 북한의 정체가 선명해졌다. 즉, 미국을 비롯한 국제사회가 생각하는 "비핵화"의 사가 그들에게는 전혀 없다는 사실 말이다. 그들의 정체가 탄로 난 것이다.

북한은 협상을 서두르고 있는 듯하다. 식량 부족이 원인이건 외화 부족이 원인이건, 제재 효과 때문인지 혹은 그것들이 종합적으로 작용해서인지, 그들에게 자원이 별로 남아 있지 않아서라고 추측해 볼 수 있다.

트럼프 대통령은 이런 북한의 (혹은 한국의) 불성실한 태도를 보고도 여전히 평화협상 자세를 유지하고 있다. 판문점 회담을 북측에 제안한 것은 그런 의도 때문이었을 것이다. 그런데 트럼프 정권은 더 이상 서두를 필요가 없다고 생각할 것이다. 아니면 현재 "이란 문제" 대응에 분주하기 때문에 북한과의 대립이 깊어지는 것을 피하고 싶은 것인지도 모른다.

　하노이에서 큰 실수를 한 사람은 김정은이며 서두르고 있는 것
도 김정은이다. 시간을 들이면 들일수록 유리했던(외화 획득과 제
재 완화가 되면, 그만큼 핵과 미사일의 개발시간을 벌 수 있었던) 예전
과 달리, 지금은 시간이 걸릴수록 목이 메어오는 상황이기 때문이
다. 김정은 정권을 지탱하고 있는 이른바 '장군님 선물' 을 더 이
상 유지하지 못하게 된다면 체제 자체가 흔들릴 수도 있기 때문이
다. 그래서 서둘러 판문점을 찾은 것이다.

　김정은은 4월의 최고인민회의에서 "올해 말까지는 인내심을
갖고 용단을 기다리겠다." "양보는 일체 없다." "제재 해제를 위
해 미국과의 정상회담에 집착할 필요는 없다"고 센 척하고 있으
나, 기한을 한정한다거나 트럼프 대통령과의 개인적 관계를 강조
하는 등의 모습을 보면 여기저기에서 허세가 엿보인다.

　같은 달, 김정은은 대미 협상 카드로 사용하기 위해 러시아를
첫 방문했으나 푸틴 대통령과는 단지 만나기만 했을 뿐 회담의 내
용은 없었고, 완곡히 거절당한 꼴이 되었다.
　또한, 미중 무역전쟁에 대처하고 있는 중국에게는 열차로 왕래
하면서 귀로에서의 회담을 요청했으나 거절당해 스타일을 구겼
다. 미중 무역전쟁이 치열한 가운데 중국이 북한을 끌어안을 수

있는 상황은 아닐 것이다. G20 직전의 미중 회담에서는 중국이 오히려 미북 협상에 끼어드는 듯한 느낌을 준 것도 김정은이 판문점으로 간 이유이지 않을까.

지금까지의 교섭방식으로는 데드록에 앉은 채로 움직일 수 없다는 것을 국제사회에 드러낸 이상, 판문점 회담 후에도 계속 협상하려면 김정은이 크게 양보할 수밖에 없다. 옷매무새를 가다듬고 재차 덤벼 하노이와 똑같은 결과를 낼 수는 없는 노릇이다. 앞으로 교섭을 진전시키고 싶다면 미국에게 크게 양보해야만 할 것이다. 즉 '비핵화' 개념과 일정표를 북한이 분명히 제시해야만 한다. 그런데 이런 어려운 상황을 한국이 "중개"할 수는 없을 것이다.

예측되는 세 가지 시나리오

미·북 실무접촉이 곧 재개되겠지만, 미국에게 발목을 잡힌 북한은 큰 폭의 양보를 할 수밖에 없고, 곧 벽에 부딪치게 될 것이다. 그 후의 북한의 시도로는 세 가지 시나리오를 생각해 볼 수 있을 것이다. - '일본에게 접근한다.' '또다시 한국을 끌어들인다.' 그리고는 '군사적 대립을 연출한다.' 이다.

북한을 둘러싼 나라들 가운데 아직까지 김정은과 직접 협상을 벌이지 않은 국가는 일본뿐이다. 그 이유로는, 북한에게 일본은 "대미 협상을 진행하는 데 도움이 되지 않는다"고 판단했기 때문이지만, 스스로의 실수로 사태를 악화시킨 이상, 대미 관계를 타개하려면 현 상황에서 세계 제일의 강성 지도자인 아베—트럼프 관계를 이용할 가능성이 크다.

일본은 북한이 납치문제를 시인한 이후 이 문제가 해결되지 않으면 일절 협상에 응하지 않겠다는 뜻을 분명히 하고 있고, 이미 최고 수준의 제재를 가하고 있기 때문에 사실상 북한에게 할 수 있는 일이 없어졌다.

그러나 아베 총리는 미국의 양해를 구한 후 "전제조건 없이 대화를 할 용의가 있다"고 전격적으로 방향전환을 했다. 왜 그랬을까?

하노이 회담에서 트럼프 대통령은 두 차례 납치문제를 거론하며 북한을 추궁했다. 김정은도 아베 총리와의 대화 가능성을 부인하지 않았다. 그래서 아베 총리가 "이제는 내 차례"로 생각한 것 같다.

트럼프 대통령도 북한에게 경제지원을 한다면 그 역할은 일본 아니면 한국이 맡아야 된다고 생각했을 것이다. 경제지원을 미끼로 북한의 태도를 바꾸기 위한 카드로 일본을 이용했던 것이다. 일본은 북한의 비핵화를 위해 노력을 다하겠지만, 납치문제에 대해 협상할 용의가 있음을 귀띔했을 가능성도 있다.

다만 북한의 비핵화 의지가 불분명한 시점에서 일본 단독으로 북한에게 뭔가를 양보하는 것은 국내외적으로 어려움이 따를 것이기 때문에 일본에게 이롭지 않다. 일본은 어디까지나 납치, 핵미사일 문제를 포괄적으로 해결하고, 북한과의 관계를 정상화하고, 그 후에 경제지원을 하겠다는 입장이다.

북한에게 더 이상 협상수단이 없어지면 또 다시 한국을 이용하려 할 것이다. 일본과 달리 문재인 정권은 조종하기 쉽고 다른 나라들보다 훨씬 다루기 쉽기 때문이다. 미국뿐만 아니라 주요국의 신뢰를 이미 잃었기 때문에 협상의 지렛대로 사용하기는 껄끄럽겠지만, 한국의 "평화" 분위기와 문재인 정부가 대북 경제지원을 하고 싶어 몸이 달아 있는 상황에는 변함이 없기 때문에, 이용가치는 아직 남아 있다. 그들은 곤란한 처지에 놓여있기 때문에 틀림없이 '청구서'를 들이밀 것이다.

세 가지 가능성 중 가장 높은 것은 세 번째의 군사적 대립을 연출하는 시나리오일 것이다. 단, 김정은이 중·러의 방패 없이 쉽게 도발하지는 않을 것이다. 왜냐하면, 그것은 북한의 파멸로 이어질 수도 있음을 그도 알고 있을 테니 말이다.

그런데 판문점 회담을 연출했던 트럼프 대통령은 차분히 기다 릴 수 있는 데 비해 김정은은 그렇지 않다. 자원이 고갈되고 있기 때문에 가능한 한 빨리(강경과 유연의 메시지를 적절히 교차하며) 조 금이라도 더 유리한 조건을 끌어내려고 할 것이다. 하지만 좀처럼 움직이지 않는 트럼프에게 강경한 태도로만 일관하게 되면 군사 적 긴장이 높아진 2017년의 봄과 같은 혹은 그 이상의 상황을 부 르게 될지도 모른다.

하노이 회담 결렬 후, 북한은 5월에 두 번이나 단거리 탄도미사 일 발사 실험을 연이어 자행했다. 이것은 이동식 러시아제 "이스 칸데르"를 개량한 것이라지만, 연해주 쪽으로 쏘아올린 이유는 러시아와의 회담에서 망신을 당했던 것에 대한 앙갚음이었을 것이 다. 미국은 이런 움직임을 묵살해 왔다. 이 정도에 대놓고 움직 일 필요성을 못 느꼈던 것이고, 방치해도 괜찮겠다는 판단이었을 것이다.

그러나 이러한 움직임을 예측하고, 하노이 회담 결렬 후부터 B-52전략 폭격기와 초고속 정찰기 U2S, 무인 정찰기 글로벌 호 크 등을 움직이고 있고, 제재를 철저하게 하기 위한 선박 환적 감 시도 전술한 대로 일본, 영국, 프랑스 등의 함정과 함께 하고 있 다. 미국 내 여론이 북한에 대해 엄정한 태도를 유지하는 한, 트 럼프 대통령의 결정 여하에 따라 다시 강경노선으로 돌아설 가능성도 높다.

좀처럼 움직이지 않는 미국의 인내심을 북한이 시험해 보려는 사이에 미국이 군사적 압력을 강화하는 시나리오를 선택한다면 문재인 정권, 혹은 한국이 어떤 행동을 취할 것인지, 어떤 운명을 선택하려는지 궁금하다. 이는 결국 문재인 정권의 "시험대"가 될 것이다.

일본은 국제사회를 지렛대로 삼아야

일본으로서는 교착상태에 빠져 있는 납치문제를 간신히 자력으로 움직일 수 있는 기회가 왔다. 일본에게는 중대한 전환점으로 조속히 해결되기를 온 국민이 원하고 있다.

그러나 북한으로서는 상당한 압력이 가해지지 않는 한 이 문제로 일본에게 양보하여 얻게 되는 이점은 없다. 너무 일본이 강하게 다가서면 북한은 곧 일본의 약점을 공격해 올 것이다. 그렇게 되면 오히려 근본적 해결이 멀어진다는 딜레마가 생길 것이다.

그렇다면 이미 북한에 가능한 한 제재를 가하고 있는 일본에게는 더 이상의 방법이 없는 것일까. 나는 아직 많은 방법이 남아 있고, 시험해 볼 만한 가치가 있다고 생각한다.

우선, 선박 환적의 국제적 감시에 관해서는 더 크게 목소리를 내도 좋을 것 같다. 영·불을 비롯하여 많은 나라들이 적극적으로 나서고 있는 지금, 중국의 해양 진출과 북한의 선박 환적 감시는 아시아 태평양 지역의 양대 이슈가 되고 있고, 동시에 브렉시트로 흔들리는 유럽 국가들이 아시아와 어떻게 연계해 나갈지를 찾는 시금석이 되고 있기 때문이다.

일본으로서는, 트럼프 대통령과 그 정권을 지지하는 사람들은 미군의 해외활동에 적극적이지도 않기 때문에, 여러 나라들과의 협조를 견고히 하여 이 지역의 안전보장을 지켜 나가야만 한다. 왜냐하면, 안전보장이야말로 목전의 선박 환적 문제 이상으로 중요하기 때문이다.

선박 환적 감시를 적극적으로 해나감과 동시에, 북한 혹은 북한에 영합하는 세력들의 활동을 가능한 한 파악해 국제사회에 빠짐없이 호소해 나가는 것이 무엇보다도 중요하다. 이는 북한으로 자원과 자금이 유입되는 것을 막는 동시에, 깊이 관여하고 있을 문재인 정권에게 강력한 압박이 될 것이기 때문이다.

문재인은 북한 문제를 바라보는 국제사회의 시선을 의식하지 못한 채 국내용 "평화" 분위기 조성을 통해 정권을 유지하고 있다. 국제사회의 냉정하고 부정적인 평가는 한국 국민들의 정서를 크게 자극할 것이다. 일본이 아무리 이 문제를 지적하더라도 그간의 경험상 한국민은 결코 받아들이지 않을 것이다. 그렇기 때문에 일본은 다른 나라들에게 발신하는 일에 집중해야만 한다.

앞으로 어떤 형태로든 북한에게 식량 지원이 이뤄질 것이다. 한국이 단독으로 하거나 유엔의 세계식량계획(WFP)과 식량농업기구(FAO)가 중개하겠지만, 문재인 정부는 지원이라는 명목하에 온 힘을 다해 북한을 도우려 할 것이다. 800만 달러 이외에도 자금지원을 제의할 것이다.

일본 정부는 이 문제를 간과해서는 안 된다. 식량 지원이라는 본래의 인도적 목적을 달성하고 있는지, 김정은과 노동당 간부를 위해 사용되지는 않았는지 "국제적 감시를 해야 한다"고 호소해야만 한다. 이것 또한 일본이 단독으로 말하면 역효과가 날 수 있으므로 유엔이 움직이도록 해야 한다. 굶주리고 있는 사람에게 직접 식량이 닿지 않는다면 원조하는 의미가 없어지기 때문이다.

제 3 장

민주주의의 가면을 쓴
독재정권

대한민국을 부정하고 빼앗다

제1장에서도 언급한 대로, 3·1절 연설에서 정부와 여당, 진보 진영을 비판하는 세력을 "청산하겠다"고 공공연하게 선언한 문재인은 그것만으로도 충분히 민주주의의 탈을 쓴 '독재자'라 할 만하다. 노파심에서 한 번 더 강조한다면, 의견 대립을 전제로 논의하고, 소수의견도 존중하는 것이 민주주의의 소중한 원칙이다. 하지만 문재인은 자신은 '촛불혁명'에 의해 탄생한 정권이기에 그런 원칙을 초월하여 논란의 여지없이 얼마든지 공권력을 행사해서 비판세력을 탄압해도 괜찮다고 생각하고 있는 것 같다. 민주주의에 의해 선출되었다기보다는 문자 그대로 '혁명 정권'이기 때문이다.

문재인 정권의 방향은 3·1절 연설을 통해 알 수 있다. 즉, 좀 강한 표현으로는 '대한민국 납치', 냉정하게 말하자면 '1987년 이전의 대한민국의 부정'이다. 1인당 GDP 백 달러 시대로는 돌아갈 생각이 전혀 없으면서, 군사정권 시대와 보수정권에 의한 경제발전의 역사는 교육에서 배제하고, 하늘에서 난데없이 뚝 떨어진 은총인 양 자신들의 입맛에 맞게 국민의 사고 기능을 마비시켜 주입시키려 하고 있다.

문재인 정권의 균열은, 제2장에서 살펴보았듯이, 대북·대미 등과의 안보정책에 있어서도, 다음 장에서 분석할 경제면에 있어서도, 그리고 제5장에서 해설할 한·일 관계에 있어서도 분명하다. 이대로 가면 지지율 저하는 피할 수 없을 것이다. 다만, 의외인 것이, 48페이지에서도 언급했듯이, 지지율이 40%선을 지키며 안정적이라는 점이다.

이렇게 된 배경에는 집권 2년간 여러 권력기관에 정권의 의도를 침투시킨 것에 기인한다고 할 수 있겠다. 혹은 현 정권의 안정뿐 아니라 다음 정권, 그리고 그 다음 정권에 이르기까지 장기간에 걸쳐 진보정권을 지속시키기 위해 집권 초기부터 지속적으로 준비한 결과로 볼 수 있겠다.

문 정권은 법원, 검찰, 경찰과 같은 사법·법 집행기관과 더불어 새로운 수사 권력을 가진 기관을 만들어내 오랫동안 정쟁의 '첨병'으로 사용했던 공권력을 손에 넣고 있다. 그리고 원래 진보 성향이 강한 교육계뿐 아니라 언론에도 인사와 노조활동을 이용해 사실상 '통제'하고 있다. 그 결과 일부 대기업을 제외한 언론은 정권의 실수를 최소화하고, 스캔들을 은폐하면서, 야당의 실수와 스캔들은 크게 부각시키기 시작했다.

또한 대통령 선거 중에는 프로그램을 사용하여 포털 사이트의 댓글을 조작한 인물이 문재인의 심복이었다는 것도 밝혀졌다. 게다가 여당과 진보진영에 유리하도록 국회의원 선거제도 개편에도 손을 대고 있다.

문재인 정권은 행정뿐만 아니라 입법, 사법의 삼권, 다시 거기다가 언론까지도 좌지우지하려 하고 있다. 이건 서장(序章)에서도 언급했듯이, 역사를 잘 아는 사람이라면 그 모습이 마치 '나치 독일과 닮았다'고 생각할 것이다. 문 정권은 나치처럼 살육하지는 않지만 많은 사람들을 체포하여 형무소(실질적으로는 정치범수용소)로 보내고 있다. "정도의 차이는 있겠지만, 나치스와 같은 것 아니냐"고 점차 한국인들이 생각하기 시작했다.

행정조직 간부들로 파견되는 정치활동가들

문재인 정권의 인사는 매우 특징적이다. 한국에서는 '보은 인사' 혹은 '코드 인사'라 부른다. 즉, 적재적소라고 하는 발상보다, 일찍이 정치활동을 함께 한 '투사'들에게 논공행상과 같이 지위를 주어 충성을 맹세하게 하고, 그 부서를 정권의 의향에 따르게 함으로써 권력을 굳히는 것을 우선으로 하고 있다. 그 사람의 능력이나 전문성은 필요 없고 지금까지의 경력이 얼마만큼 정권에 가까웠는지, 얼마나 정권 탈취에 협력했는지가 중요한 잣대인 것이다.

설령 정권이 정부기관 등의 인사권을 쥐고 있다고 해도 이것은 정치적 권력남용일 뿐이다. 왜냐하면 국민에 의해 선출된 정권은 국민 모두가 더 나은 생활을 영위할 수 있도록 인사권을 행사해야 하는 데도 단순히 지지 세력을 길들이기 위한 수단으로 쓰며, 국민 전체를 배신하고 있기 때문이다.

이것은 어찌 보면 근세 이전부터 한반도에서 이어져 내려온 정실정치의 모습 그 자체이며, 혈연관계나 지연을 기반으로 하고 있던 것이 당파로 바뀌었을 뿐이다. 일찍이 보수정권, 군사정권 시절에도 비판받기는 했지만 적재적소의 원칙은 잊히지 않았었다. 그래왔기 때문에 한국은 급속한 경제발전을 이룩할 수 있었다.

즉, 문재인 정권의 방향성은 과거 보수정권보다 몇 배나 비민주적이며 국민을 배신하고 있다. 문재인 정권에서 정치, 경제, 외교, 국민복지의 모든 면에서 정책이 막히고 있는 것도 이 때문일 것이다.

그 일례를 소개해 보겠다.

평창 동계올림픽 개최에 맞춰 서울과 개최지 강원도 일대를 연결하는 KTX가 개통한 지 약 1년 후인 2018년 12월에 탈선사고를 냈다. 선두 차량이 선로를 탈선하여 전봇대를 들이받은 것이다.

시발역을 출발한 지 얼마 되지 않은 구간이었기 때문에 다행히 14 명의 경상자로 그쳤으나 꼬박 이틀 동안 운행이 멈췄다.

현장에 온 한국철도공사(코레일)의 오영식 사장은 기자회견에서 "기온이 영하로 뚝 떨어진 데 따른 선로 이상으로 추정된다."(중앙일보 일본어판, 12월 9일 자)라고 말했지만, 전문가들은 곧바로 의심했다. 겨울이 혹독한 한국에서, 기온의 급강하로 선로에 문제가 생긴다면 탈선은 일상다반사가 되고 말 것이기 때문이다.

당시 코레일에서는 그렇지 않아도 사고가 많이 일어난 만큼 일제히 비판의 소리가 터져 나왔다. 사장은 결국 사임했다. 사고 원인은 포인트의 신호 케이블 접속 결함인 것으로 후에 밝혀졌다.

그런데 이 오영식이라는 인물은 철도전문가도 아니고, 기술자 출신도, 경영자 출신도 아니었다. 민주당 전 국회의원(3선)이었고, 2015년 문재인의 새정치민주연합 당 대표시절 최고위원이 됐고, 대선에선 수석 조직부본부장을 맡았다. 고려대 총학생회장, 전국대학생대표자 협의회(전대협) 제2대 회장이자 1988년 당시 북한과의 관계에 적극적으로 관여한 인물 중 하나이다.

그는 이른바 386세대(90년대에 30대, 80년대에 민주화 학생운동에 참여했던 60년대 태생) 정치활동가로 코레일 사장이 된 후에는 이

전에 파업 등으로 해고된 직원 복직, 남북철도연결사업 등의 정치 활동만 했다. 오 사장 취임 후, 코레일과 그 자회사 5사의 임원으로 임명된 인물들의 65%가 철도전문가가 아닌 '보은 인사', '코드 인사' 즉, 낙하산 인사였다고 한다.

문재인은 이 사고에 대해 "안전권을 국민의 새로운 기본권으로 생각하고 있는 정부로서 참으로 국민 여러분께 송구스럽고 부끄러운 사고"(중앙일보 일본어판, 12월 11일 자)라고 특별히 언급했다.

한국에는 정권이 임명하는 공직자에 대해 국회 검증 인사청문회 제도가 있다. 대법원장, 대법원판사, 헌법재판소장, 국무총리 등의 임명 시에는 국회에서 동의를 얻어야만 한다.

그런데 국무위원(각료)과 중앙행정기관의 장들은 청문회에 출석해야만 하지만 반드시 동의가 필요한 것은 아니다.

문재인은 선거기간 중 인사에 관해 배제 5대 원칙(병역면제, 부동산투기, 탈세, 위장전입, 논문표절을 하지 않은 자)을 강조하였으나, 외교부 장관 강경화에 대해서는 장녀의 위장전입 문제와 배우자의 부동산투기 의혹이 있었음에도 동의 없이 임명을 강행했다. 즉, 국회를 경시할 뿐만 아니라 자신이 약속했던 원칙도 무시하고, 자신과 생각이 같은 사람만을 곁에 두는 것이 문 대통령의 방식이다.

강경화 씨가 외교부 장관이 된 후로 한국 외교가 얼마나 망가진지에 대해서는 나중에 다시 기술하겠다.

'내로남불'
– 측근에게는 너그럽게, 라이벌에게는 엄격하게

이런 문재인 정권을 지칭하여 최근 1년 정도 한국에서 유행하고 있는 말이 있다. 바로 〈내로남불〉이다. 문재인 정권의 거짓말을 참 잘 표현한 것 같다.

〈내로남불〉이란 내가 하면 로맨스, 남이 하면 불륜의 줄임말이다. 자신의 불륜은 마치 멜로드라마 주인공처럼 미화하면서, 타인의 경우는 정반대로 비난하는 모습을 풍자한 말이다.

이런 말이 유행하고 있는 것 자체가 문재인 정권의 이중성 혹은 그것을 덮지도 못하는 치졸함의 반증일 것이다.

또한, 문재인 정권과 그 지지자들은 정책 내용 그 자체보다 그 정책을 누가 무엇 때문에 실행하는지만 본다. '자신들은 옳으니까 옳지 않은 사람들로부터 비판받을 이유가 없다'는 발상인 것이다. 즉, 한일관계에 관해 언급할 때, 일본에게 빈번히 사용하고 있는 논리를 국내 비판 세력에게도 적용하고 있는 것이다. 이는 문 정권이 작성한 블랙리스트를 바탕으로 불법이 강권 발동됐다고 청와대 전 특별감찰반원이 폭로한 것을 보아도 알 수 있다.

그 내용은, 이전 정부 때 임명되었던 환경부 관할 공공기관 임원들에 대해, 문 정권이 그 정치 성향을 조사해서 사임시키고 그

빈 자리에 '코드' 인사를 썼다는 의혹이다.

 그럼 왜 '내로남불' 일까.
 박근혜 전 정권 시대 말기 문화체육관광부가 좌파 성향의 문화
인들과 예술인들의 명단을 만들었던 것이 발각되었고, 그것이 문
정권이 내세우는 "적폐청산"의 수사대상이 되어, 결국 문체부 전
장관 이하 간부들이 줄줄이 구속되어 유죄를 선고받았다.

 이 두 가지는 거의 같은 사례인 것을 이미 눈치챘을 것이다. 그
런데도 전 정권의 행동은 적폐로 탄핵 사유가 된 데 반해, 현 정
부가 하고 있는 일에 대해서는 참으로 너그럽기 그지없다. 전직
장관, 전직 청와대 비서관은 불구속 기소되었다.

 '공정하고 통합적인 사회(국회연설)'를 주장한 문재인 정권이지
만, 이것도 때와 장소에 따라 다르게 적용된다.
 2019년 6월, 더불어민주당의 손혜원 의원이 부패방지법, 부동
산실명법위반 혐의로 불구속 기소되었다. 그녀는 전라남도 목포
시에 있는 일제시대 가옥이 '근대 역사문화 공간'으로 지정되어
공적인 노시재생 사업의 대상이 되는 것을 사전에 알고, 친척과
재단 등의 명의를 빌려 14억 원에 구입했다고 한다.

 한국에는 지금도 일본 통치시대의 건물이 남아있는 지구가 있

다. 최근 들어 '일본식민지 통치의 아픔을 기억한다' 등의 목적
으로 정비, 보존하는 움직임이 활발하다. 그러나 이는 명분만 내
세운 것이고 실제로는 지방의 활성화를 위한 것이다. 일본 여행
인기와 복고풍 유행을 반영하는 관광명소로 널리 알려지게 되었
기 때문이다. 인천시, 포항시, 군산시 등에서 인기가 있다고 한
다. 잘 정비된 일본가옥은 카페나 식당, 상점 등으로도 활용이 가
능하기 때문에 그동안 거의 주목받지 못했던 지역이 임대료 수입
이나 땅값을 기대할 수 있게 된 것이다.

 그런데 손혜원 의원(의혹 발각 후, 더불어민주당 탈당)은 영부인
과 절친한 관계였고, 국회에서는 문화체육관광위원회 소속이었던
것으로 알려져 있다. 부동산 실명 매입을 피하는 등 비리 혐의가
있었지만, 구속되지도 않고 불구속 기소로 끝났다.

 또 한 가지 덧붙여 보자. 대통령 선거 응원을 나온 문재인 대통령
의 딸과 그 남편은 왠지 모르지만 태국에서 살고 있다. 그런 사실
자체에도 소박한 의문이 있기는 하나, 개인의 자유라고 생각할 수
도 있겠다. 하지만 딸은 출국 전 남편으로부터 양도받은 아파트를
팔았고, 남편의 전 근무처였던 게임회사에는 정부에서 약 20억 엔
의 지원금이 지급되었고, 이 중 적어도 3억 엔어치는 부당하게 지
출됐다는 의문이 남아 있다. 하지만 대통령도 청와대도 설명하지
않고 감사원 감사청구도 공익대상이 아니라는 이유로 기각됐다.

그런데 딸의 남편은 태국에서 한국의 LCC(로 코스트 항공사)인 이스터항공의 관련 기업에 취직했다고 한다. 이스터항공은 전 민주당 국회의원이 창업한 기업으로서 그 인물은 대통령 선거 브레인 중 한 명으로 활동했다.

이것이 과연 유권자들이 기대했던 공정한 사회의 모습일까. 진상은 알 수 없는 일이고, 이 정권이 계속되는 한 과연 진상이 밝혀지는 날이 올지 모르겠다.

지금까지 말해 왔던 대로, 문 정권은 과거의 실적이 아닌 논공행상으로 인사를 결정하고 있고, 그 행동원리는 '내로남불'이라고 하는 이중 규범에 근거하고 있다. 이런 상태이다 보니, 정권 운영에 실수가 속출하고 있는 것이다. 또한, 과거 정권은 임기 말기가 되면 터져 나왔던 스캔들이 문 정권에서는 2년이 지나기 전에 속속 누출되고 있다. 판도라의 상자는 틀림없이 정권 내에 있다고 보면 된다. 지금은 막강한 권력으로 억누르고 있지만, 조만간 나라를 뒤흔드는 거대한 스캔들이 발각될 가능성도 있다.

박근혜 정부가 더 청렴한 이유

많은 한국인들은 받아들이지 않을지도 모르겠지만, 나는 박근혜 정부가 더 청렴했다고 생각한다. 혹은, 박근혜 정권을 매도,

타도하고 탄생한 문재인 정권이 훨씬 더 부패했다고 할 수 있을 것이다.

막강한 권한을 장악하게 되는 한국 대통령에게는 아무래도 스캔들이 끊임없이 따라다닌다. 대통령 본인이 아무리 청렴해도 주변 사람들이 권위를 등에 업고 설치게 된다.

동지나 심복, 혈연과 지연에 의해 이권이 생기는 배경에는, 이른바 '우리' 라는 감각이 작용하고 있기 때문일 것이다. 대통령의 측근이었던 사람들은 자신도 대통령과 일체라는 생각으로 행동하기 시작하고, 대통령이 모르는 곳에서 이용하기 시작하는 것이다. 물론, 그 중에는 대통령이 직접 행사할 수 없는 역할을 맡게 되는 경우도 있겠지만, 큰 틀에서 본다면 결국은 유착이라고 해도 과언이 아닌 면이 있을 것이다.

박근혜 전 대통령은 이런 구조를 누구보다도 뼈아프게 경험한 정치인이었다. 아버지인 박정희 전 대통령도 청렴했다는 것은 잘 알려져 있다. 아버지가 대통령이었기 때문에 부모님이 모두 암살된 박근혜 씨가 정치인을 꿈꾼 이유는 오로지 "청렴했던 아버지를 계승하여 한국을 더 발전시키고 싶다"는 생각밖에 없었다. 즉, 그녀는 돈 따위에 욕심낸 것이 아니었다.

청렴함을 지키기 위해서는 주변인들도 의심할 수밖에 없고, 가족들을 정권에 근접하지 못하도록 해야 한다고 생각했을 것이다. 박근혜 정부는 친형제와 친척을 멀리하고 수행원들도 자주 교체했다. 혼자 식사하는 일이 많았다. 대통령의 측근이라는 점을 그들이 악용하지 못하도록 하기 위한 방어책이었을 것이다.

그런 가운데 유일한 예외가 오랜 세월 동안 친구였던 최순실뿐이었던 것이다.

당연히 대통령은 격무에 시달리게 된다. 모든 일을 혼자서 다할 수는 없다. 그런데 주변인들을 믿지 못했기 때문에 일상생활에서부터 대통령으로서의 고민까지 최순실에게 상담하게 된 것이 아닐까. 최순실이 각종 이권을 챙기고 있을 줄은 꿈에도 생각하지 못했을 것이다. 만약 알았다면 바로 '잘랐을' 것이기 때문이다.

결국 일반적인 대통령이라면 어느 정도는 분산되었을 '유착'이 최순실에게 집중돼 독점되는 상황이 된 것이다. 더구나 최순실이 공직에 있지 않았기 때문에 '국정농단'으로 비춰진 것이다. 이건 대통령으로서는 유감스러운 실수이다.

그런데 이것이 탄핵 이유라면 과거 정권도 문재인도 가까운 미래에 탄핵될 가능성이 높다.

의욕과 기능을 잃은 어설픈 외교부

문재인 정권은 좋게 말해도 극단적 정치 주도 정부이며 관료를 신뢰하지 않는다. 다른 각도로 보면, 관청을 위에서부터 억누르는 독재형 정권이며, 결과적으로 관료들의 재능을 죽이고 있다. 그 악영향은 정권 자신에게 떨어지고 있는데, 결국 그 뒤치다꺼리는 관료에게 떠넘기고 있다.

나는 전직 외교관이라는 경력상 외교부의 현재를 흥미진진하게, 그리고 그와 동시에 동정심을 가지고 바라보고 있다. 국장 이상의 간부급은 정권에 의해 교체되고, 지금까지 한국 외교의 최전선에서 일하던 직업외교관들은 이명박 정권과 박근혜 정부에서 요직에 있던 사람일수록 냉대를 받고 있다. 사무실 한구석에 밀어넣고, 일은 주지 않고, 언행과 통신내용을 철저히 감시하고 있기 때문에 외부와의 연락도 하기 어려워져 신문을 읽으며 푸념할 수밖에 없다는 것이다. 설령 일을 준다 하더라도 한직이 대부분이다. 그 외의 외교관들과 직원들은 청와대 지시에 충성하는 업무만 잘하면 된다는 것이다.

예전에는 꽃보직이었던 주요국 재외 공관에 이제는 아무도 가고 싶어 하지 않는다고 한다. 어찌 보면 당연하다. 위안부 합의에 종사한 외교관은 직무로 했을 뿐인데도 반역자 취급을 받고 있다. 문재인 정권은 프로 외교관을 신임하지 않을 뿐만 아니라 '적폐'로 간주하고 있는 것 같다.

어디까지나 관료는 스태프이니, 청와대는 방향성을 지시해 기획안을 짜게 하면 좋을 텐데, 그와는 반대로 지난 정권에 깊이 관여했다는 이유로 거리를 두고 있다. 관료는 정권을 선택할 수 없고, 전 정권에서의 업무도 지시대로 했을 뿐인데, 참으로 납득할 수 없는 일이다.

이러니 여기저기서 문제가 터져 나올 수밖에 없다. 의전에서는 국기의 방향이 틀리거나 주름살이 잡혀 있기도 한다. 자료작성에서도 '발트국가'를 '발칸국가', 체코를 옛 국명인 '체코슬로바키아'라고 표기해 거친 항의를 받는다. 말레이시아에 갔는데 대통령이 인도네시아어(말레이어와는 아주 비슷하지만)로 인사하고, 종교적으로도 음주를 절대 하지 않는 브루나이에서 건배를 제안한다는 식이다.

한미 관계의 조정 부족으로 인한 불미스러운 일 처리도, 프랑스 대통령에게 기자회견장에서 문 대통령의 제안을 즉석에서 거절당하는 일도 직업외교관의 정확한 판단이 있었다면 결코 일어날 수 없는 일이다. 의견이 서로 맞지 않는다면 겉으로 드러나지 않도록 조정하면 된다. 그러나 현재 외교부는 기자들로부터 어떤 질문을 받던 "잘 되고 있다" "긴밀하게 협조하고 있다"고 반복할 뿐이다.

외교부 장관으로 발탁된 강경화 씨는 원래 직업외교관이 아니다. 본래 KBS 아나운서 출신으로 영어에 뛰어난 사람이지만, 어디까지나 통역사이지 외교의 지식은 없다. 김대중 전 대통령에 의해 스카우트돼 외교통상부에 들어가 국장을 지내다 유엔으로 옮겨 요직을 거친 인물이다.

그가 국제기구국 국장 시절 나도 주 한국 특명전권공사로 일하면서 인연을 맺었다. 그런데 그녀는 프로 외교관 출신이 아니니 국제 관계와 양국 간 관계의 기초를 안다고는 말할 수 없다.

정의영 국가안보실장도 마찬가지여서, 그는 대미협상 경험이 있지만 전문 분야는 통상이다. 안보 분야는 정권이 하라는 대로이다. 적어도 미 국무부는 이런 인물을 진지하게 상대해 주지 않는다.

외교부 직원이 딱한 것은 제대로 된 일은 하지도 못한 채 청와대의 눈치를 살피고 있을 뿐인데, 청와대가 저지른 실수의 뒤치다꺼리만은 어김없이 그들 몫으로 돌아오기 때문이다. 앞서 언급한 실수들의 경우, 외교부가 관여했더라면 일어나지 않았을 텐데, 정권이 무심했거나 상식에 무지하여서, 혹은 멍청해서, 결국 외교부에 책임이 전가된 형국이 된 것이다.

이런 식으로 대미관계도 대일관계도 엉망이 되어가고 있다. 그 결말이 하노이 회담 결렬이다. 한국 외교는 제대로 '중개(仲介)'하지 못했을 뿐만 아니라, 미북 관계를 정확하게 관찰, 분석하는 것조차 못했던 것이다.

미북 회담 결렬 이후 한국 외교안보팀이 미국과 얼마나 의사소통이 안 되고 있었는지가 밝혀졌다. 그 이유 중 하나는 한국측에게 전문성이 없다는 점이다. 그와 동시에, 문 정권과 북한과의 유착을 보고 미국은 한국과 허심탄회하게 의사소통을 하면 북측에 정보가 새어버릴 우려가 있다고 판단했기 때문이 아닐까.

한일관계에 관한 한 국민감정이 개재되는 만큼 매우 어려운 논의가 요구된다. 예전에는, 외교관들이 전문성을 가지고 상호절충안을 찾는 기능이 작동했다.

내가 주한 대사일 때는 청와대 수석비서관이나 외교부 요인들과 휴대전화로 직접 연결됐다. 이명박 대통령이 독도를 방문했을 때는 외교통상부 장관(당시)과 청와대 수석비서관은 전화를 받지 않았지만 어떠한 경우에도 최소한의 의사소통은 가능했다.

현재는 그런 연계가 끊긴 것은 아닐까. 한일관계 따위는 무관심한 채 "내 말이 옳다"고만 주장하고 있는 것이 지금의 한국 외교관들이다. 왜냐하면 일본과 관련되거나 일본이 옳다는 식이면 관료의 인생이 위태로워지기 때문이다.

2019년 6월에는 일본과의 협상경험이 많은 조세영(趙世暎) 제1
차관이 임명되었다. 그는 이 세대 외교부의 에이스다. 이 발탁은
"문 대통령이 한일관계를 개선하고 싶어 한다"고 보는 것이 일반
적인 견해였을 것이다. 이로 인해 사태가 좋은 방향으로 간다면
좋겠지만 그리 간단한 일이 아니다.

문 대통령의 대일 인식은 "일본은 겸허하게 자신들의 잘못을
인정하라." "한국은 전부 옳다." "일본은 역사 문제를 정치에 이
용하고 있다"이다. 이런 인식을 가지고 문재인은 자신의 길을 걸
어나갈 것이다. 그리고 조세용 차관을 임명한 것은 "일본이 잘못
된 방향으로 가지 않도록 고삐를 죄라"는 것이나 다름없다. 뭐라
도 이상한 상황이 생기면, 늘 그래왔듯이, 바로 그에게 책임을 전
가하지 않을까 하고 나는 걱정하고 있다.
한일관계에 관해서는 제5장에서 다시 언급하겠다.

독립성을 잃고 정권에 지배된 사법

문재인은 이른바 '강제징용 문제'에 관해서 "한국은 삼권분립
이며 사법부의 판단을 존중한다"는 말을 반복하며 사법부의 독립

성을 존중하고 있는 것처럼 행동하고 있지만, 문 정권의 실제 행동은 정반대. 헌법재판소와 대법원은 이미 문재인 정권이 임명한 재판관이 다수를 차지했을 뿐만 아니라 '박근혜 정부의 뜻을 받아' "징용의 소송을 늦춘" 등의 용어로 전 대법원장을 구속했다.

또한, 후술할 문재인의 심복인 김경수 경남도지사의 인터넷을 통한 댓글 조작 사건에 대해 실형 판결을 내린 성창호 지방법원 부장판사에 대해서는, 여당인 더불어민주당의 홍영표 원내대표가 아래와 같이 말했다.

> "경고한다. 문재인 정부의 개혁은 국민의 명령이며 시대적 요청이다. 불순한 동기와 정치적 이익을 위해 이 정부를 흔들지 말기 바란다. 그러한 시도는 국민에 의해 다시 탄핵될 것이다."
>
> "여전히 사법부 요직을 장악하고 있는 양승태 적폐 사단이 조직적 저항을 하고 있다."
>
> "법과 양심에 따라야 할 판결이 보신과 보복의 수단이 되고 있다."
>
> "개혁에 맞서려는 적폐세력의 저항은 단지 당랑거철(螳螂拒轍: 사마귀가 차량의 바퀴를 막듯이 강자에 함부로 대항하는 것)이며, 국민에 의해 제압당할 것이다."
>
> (중앙일보 일본어판, 2019년 2월 1일 자)

이런 발언들은 노골적으로 사법부의 독립성을 침해하는 발언이다.

그러나 이 부장판사는 과거 박근혜 전 대통령에게도 유죄판결을 내렸으며, 그때는 그를 대대적으로 환영했다. 즉, 정권과 여당의 의향을 따르지 않는 판결을 내리는 판사는 "적폐"이며, 탄핵하겠다는 것이나 다름없다. 이런 것들의 어디가 '사법 독립'이라는 것일까.

문재인은 대법원장에 좌파 성향의 인권변호사 김명수를 임명하고, 검찰총장에는 박근혜 정부의 국정농단 사건 특검을 지휘한 윤석열 서울중앙지검 검사장을 지명, 국회 인사청문회를 거쳐 임명될 전망이다.

모두 전례 없는 '발탁 인사'이며, 문재인에게 가까운 사람들이 지금까지의 관례를 깨고 취임했다. 이제 그들이 적폐를 재판하고 수사하게 된다.

한 가지 더 지적해 두고 싶다. 문재인은 원래 과거 '징용공' 재판의 원고측 변호인단이었다. 그 경력을 보면, 일련의 사법 관여가 이해된다.

자신이 과거 변호인단에 참가했던 사건에 관해서는 유리한 판결이 나오도록 인사를 유도하고, 반대로 불리한 판결이 나오게 한 (혹은 판결 그 자체를 내리지 않도록) 판사는 쫓아내고 체포까지 해

놓고 "사법 독립성을 존중한다."고 하니, 법조인 출신이라는 것이 도무지 믿어지지 않는다.

"고위 공직자 비리 수사처"는 독재의 도구인가

문재인 정권은 검찰과 경찰 개혁, 그리고 양측의 수사 권한의 조정을 하고 있다. 한국은 검찰의 힘이 막강했는데, 경찰에 일부 수사권을 넘기려 하고 있는 것이다.

한국은 전직 대통령들이 잇따라 체포, 기소되어 왔다. 이를 주도해 온 검찰의 힘을 약화시키려는 의도일 것이다. '머지않아 자신들에게 총을 쏠 검찰의 힘을 빼두고 싶다'는 생각일 수도 있고, 검찰을 조정하기 위한 압력을 가하고 있다는 해석도 가능하다.

그리고 문재인 정권은 새로운 수사기관을 만들려 하고 있다. '고위 공직자 비리 수사처'라는 조직으로, 그 이름대로 고위 공직자에 대한 수사권을 검찰에서 떼어내 일원화하여 관리하려는 것이다. 생각만 해도 무섭지 않은가.

결국 이는 진보정권이 '진보'에 반하는 정치세력을 단속하기 위한 기관이 아닐까. 그렇지 않더라도, 지나치게 강한 검찰의 수사권을 경찰과 '고위 공직자 비리 수사처'로 3분할함으로써 약화시키고 싶은 의향이 있는 것은 틀림없는 것 같다.

문재인 정권이 청렴결백으로 정말 민주주의의 숭고한 이념을 실현하고 있다면 이러한 시책도 주목해 봐야 할지도 모르지만, 실제로는 정반대이다. 진보정권이 살아남아 보수파를 비롯한 적대세력을 공권력으로 감시하려는 의도로밖에 보이지 않는다.

'검찰 개혁' 등을 주창하면서, 그 본심은 수사권을 분산시켜 자신들의 첨병으로 삼아 만일 정권을 잃었을 때에도 도망치기 쉽게 할 준비를 갖추고 있는 것은 아닐까.

검찰의 무서움은 자신들이 그 누구보다도 잘 안다. 그러니 당연히 그 정도의 셈은 할 수 있는 것이다.

여기서 언급하고 싶은 것은 김경수 경남지사도 관여했다는 '드루킹 사건'의 전말이다.

이는 문재인이 당선된 대통령 선거전 등에서 포털사이트 뉴스 기사에 대한 댓글 공감 수를 부정한 프로그램으로 조정하여 여론을 조작한 사건이다. 현재 한국에서는 인터넷 미디어가 언론과 동등하거나 그 이상으로 영향력이 있다. 그렇기 때문에 이것은 묵과할 수 없는 '스캔들'인 것이다.

일심 판결에 따르면, 118만 건의 댓글에 대해 '공감' 버튼을

8840만 번 눌렀다고 한다. '공감' 수가 많으면 댓글이 사용자의 눈에 띄기 쉬워진다.

드루킹은 그 프로그램을 개발한 인물로, 도와주는 대신에 그가 지정하는 인물을 오사카 총영사로 보내도록 김경수에게 요구했으나 거절당했다고 한다. 김경수 측은 대신에 센다이 총영사를 제안했었다고 한다.

문재인 정권은 "과거 이명박 정부 시절 국가 정보원과 국군 사이버 사령부가 댓글 조작을 했다"고 하고 있지만, 자신들도 똑같이 아니 더 심하게 조작하고 있었던 것이다. 김경수는 문재인의 심복이며, 노무현 정권 때 둘 다 비서였으며, 대선 때는 선거대책본부 간부였다. 더구나 이 사건은 대선 기간과 날짜가 겹친다. 그런데도 실형 판결이 내려지면 그 판사를 '탄핵' 해야 된다고 소란을 일으킨다.

정말 기가 막혀서 말을 못하는 예라 할 수 있다.

중복되지만 또 한 번 언급해 두고자 한다. 이 판결을 내린 것은 박 전 대통령의 국정농단 재판에서 유죄를 선고한 부장판사이다. 자기들 뜻대로 결심(結審)하면 칭찬하고, 뜻에 맞지 않으면 사직(司直) 당국에게 너무나도 당당하게 협박성 발언을 하는 것을 보면, 문 정권이 사법을 단순한 도구로밖에 보고 있지 않다는 확실한 증거가 아닐까.

이것이 문재인 진보 정부의 참모습이다.

의회 지배를 위한 선거제도 개편

한국 정계는 다가올 2020년 4월에 예정되어 있는 국회의원 총선을 대비한 움직임이 벌써부터 활발하다. 현재의 의석수는 여당인 더불어민주당이 128석인 데 비해 최대 야당인 자유한국당은 111석, 바른미래당 28석, 민주평화당 14석, 정의당 5석으로(2019년 6월 시점) 어느 정당도 과반에 못 미친다. 한국에서는 이른바 '국회선진화법'에 의해, 여야 간 의견이 다른 법안은 의원의 60%가 찬성하지 않으면 본 회의에 상정될 수 없다. 즉, 현재 국회는 사실상 기능 마비 상태에 있다.

반면, 국회선진화법에는 지정된 법안의 신속 처리를 지정하는 패스트트랙 조항도 포함돼 있다. 법안 제출 후, 삼백삼십일을 경과하면 본 회의에 상정되어 과반수 찬성으로 성립한다는 조항이다. 그래서 더불어민주당은 자유한국당 이외의 소수 정당을 끌어들여, 공수처 관련 법안과 함께, 선거제도 개혁 관련 법안의 '패스트트랙' 지정에 성공한 것이다.

양대 정당에 유리한 소선거구 편중의 의석 비율의 재검토라 할 수 있다. 지지율이 높은 현재의 더불어민주당과 의석을 늘리고 싶은 소수 정당에 유리한 반면, 자유한국당은 의석이 줄 것으로 보인다. 자유한국당의 약화를 위해 선거제도를 바꾸겠다는 것이다. 대범 그 자체이다.

2020년 총선에서 국회를 장악하게 되면 문재인 정부는 법안 통과가 용이해질 것이고 그렇게 되면 독재는 가속화될 것이다. 다만, 이른바 '자폭'이 될 가능성도 있다. 정권과 여당 지지율이 현 상태대로 유지된다고는 생각하기 어렵고, 그렇다고 해서 지지율을 높일 수 있는 요소 없이 1년 남짓 기간 중 지지율이 크게 떨어지고 나면 제도개혁이 집권 여당의 의도와는 반대로 삭용할 가능성도 있기 때문이다.

레이더 갈등 문제의 국내적 이유

일본인으로서 아무리 생각해도 납득이 가지 않는 것이 있다. 그것은 2018년 말의 이른바 '레이더 조사(照射) 사건'의 전말이다. 한국 측은 앞뒤가 맞지 않는 주장과 응답으로 일관하였고, 결국 흐지부지 되어버렸다. 이것은 또한 문 정권의 본질을 엿볼 수 있는 실로 좋은 예였다.

여기서 내가 주목하고 싶은 것은, 그 내용보다, 왜 한국군 당국자나 국방부가 그런 행동을 한 것인지, 이에 문재인 정권이 어떤 영향을 미쳤는지에 대해서이다.

군에 대한 문재인 정부의 태도는 '적대시'라고 할 만큼 엄중한 면이 있고, 보수정권 당시의 책임 추궁에 골몰하고 있다. 군사정권 시절, 군은 쿠데타의 주범이었기 때문에 진보정권에게는, 예를 들어 스스로가 최고사령관(대통령)이 되어, 이미 시대가 변해 있는데도, 언제 정권을 뒤흔들지 모르는 위험한 세력으로 생각하고 있는 것 같다.

이명박 정권 시절 군 사이버 사령부가 댓글을 조작하고 정치에 개입한 의혹에 대해서는 이미 언급했지만, 그 이외에도 군은 여죄가 있다고 문 정권은 보고 있는 것 같다.

예컨대 국군기무사령부가 박근혜 정권 말기의 '촛불집회'에 대해 계엄령을 검토한 것, 사령부가 세월호 침몰 희생자 및 행방불명자의 가족의 동향이나 주장, 정치 성향 등을 조사하고 있던 것 등, 문 정권은 이런 근거들을 가지고 군을 '청산해야만 하는 적폐'로 보고 있다.

댓글 조작도 문 정권의 드루킹 사건이 훨씬 더 큰 규모였다. 분단국가인 한국이 돌발적인 대규모 시위 및 사건에 있어서 항상 방첩과 기밀유지 대비를 해야 한다는 것이 도대체 왜 문제가 되는지 이해할 수 없지만, 결국 기무사 사령부는 해체되었다. 그리고 세

월호 사고 당시 지휘봉을 잡았던 이재수 전 사령관은 자신과 과거
의 자신의 부하들에게까지 수사망이 미치자, 이에 항의하며 자신
의 결백을 호소하는 유서를 남기고 자살했다.

그런데 문재인의 행정부 관료 경시는 국방부에게도 마찬가지이
다. 예를 들어, 이런 이야기가 있었다.

청와대 인사수석실 행정관(비서관 밑에서 일하는 사무관)이 청와
대 인근의 민간 카페에 육군참모총장을 불러내어 육군 인사에 관
해 면담을 했다는 것이다.

이것이 왜 '경시' 인가 하면, 우선, 이야기를 하는 쌍방의
'격' 이 너무 다르기 때문이다. 육군 총수가 4급 공무원, 일본의
경우로 보자면 관청의 과장급 인사에게 불려 나간 것이다. 그리고
일부러 청와대 안이 아닌, 남의 눈에 띄지 않는 곳에서 만나고 있
는 점도 이상하다. 그 이후 군 내부에서 불합리한 인사가 이뤄지
고 있다는 지적이 있는 점으로 보아 '문 정권은 청와대 측에 유리
한 인사를 하고 있는 것 아니냐' 는 추론도 성립된다.

그 진위는 알 수 없지만, 어쨌든 참모총장이 불려 나갈 자리는
아니었다. 이 한 건에서도 알 수 있듯이, 문 정권은 인사를 통해
군의 지배도 노리고 있는 것처럼 보인다.

국방부 장관은 대통령이 지명하지만, 현재의 정경두(鄭景斗) 장

관은 '천안함 사건'을 포함한 일련의 사건을 가리켜 '바람직하지 않은 남북 간 충돌'이라고 말해 보수파로부터 비판을 받았던 인물이다. 즉, 이 사건에 대해 '한국 측에도 과실이 있었다'는 인식을 가진 사람을 현 정부는 국방장관으로 임명한 것이다. 나라를 지켜야 할 입장의 국방부 장관에 친북 인사를 임명한다는 것은 국방을 경시하고 있다는 증거다.

　서론이 길어졌으나 이야기를 레이더 갈등 사건으로 되돌려 보자.

　이처럼 문 대통령의 뜻을 실현하는 인물들이 장관이 되고, 청와대 행정관에게도 불려 다니는 군이 현 정권의 뜻에 맞지 않는 행동을 취하는 것은 큰 위험을 동반한다고 보면 될 것 같다.

　어떠한 이유이든 한국 해군함정 '광개토대왕'은 자위대의 P1 초계기에 사격 관제 레이더를 조사(照射)했다. 그것이 의도된 것이었는지도 문제겠지만, 여하튼 지금까지의 한일관계에서는 일어날 수 없는 일로, 일본이 당혹해 확인을 요구하는 것은 당연하다.

　한국이 '저공이며 위험'하다고 한 이 비행은 지금까지 여러 번 행해지고 있던 예사로운 행동이며, 한국이 그동안 항의해 온 적은 없다. 그런데, 이유야 어쨌든 레이더는 조사되었으며, 일본이 확인을 요구했다. 이 정도였다면 현장에서 대응할 수 있었을지도 모르고, 부대 간 혹은 한국 국방부와 일본의 방위성 간에 사무적으로 처리할 수도 있었을 것이다.

그러나 한국 군인들은 이런 정권하에서는 두려워서 아무도 책임지려 하지 않으며 위험을 감수하고 싶지도 않을 것이다. 어쨌든 상대는 일본이니 말이다. 만에 하나 현장에서 처리하고, 일본 측에 사실을 인정하고 사과한 것이 나중에 발각되면 어떤 질책을 받을지 알 수가 없으니 말이다. 법을 어긴 것은 아니더라도 매스컴에 정보가 흘러 비판을 받게 될지도 모른다.

이리하여 보고는 현장에서 상급부대로, 부대에서 국방부로, 국방부에서 청와대로 올려졌다. 하지만 청와대는 이 사안에 대한 이해도 없고, 명확한 대일정책도 없다. 단지 있는 것은 '옳음'의 우위성(이라는 의식)뿐이므로, 일본에게는 "올바르게 대처하라"고만 말한다. 그래서 천편일률적인 이유를 대며 위세 좋게 일본을 비난하기 시작한다.

비난을 받은 일본은 더 증거를 내놓지만, 이번에는 그 모습을 한국 매스컴이 보도하기 시작해, 한국은 점점 되돌릴 수 없는 상황이 되고 만다. 그래서 변명에 변명을 거듭하는 논리를 전개해, 결국 거의 일본이 촬영한 영상에 영화 예고편 같은 정서적 음악을 붙여서 국방부가 공식적으로 그 영상을 내보내는 형국이 된다. 이는 무엇이 진실인가라는 인식은 없고, 잘못을 인정하지 않는다는

점만 고려한 잔꾀밖에 없다. 근대적인 군을 가진 나라의 프로들이
포진해 있는 조직이 한 일로 볼 수가 없다.

어쨌든, 정권의 입맛에 맞게 행동하지 않으면 언제 '적폐' 취급
을 받게 될지 알 수 없다. 이런 관점에서 보면, 한국의 일련의 엉
성한 대응의 배경을 이해할 수 있다.

나는 그만큼 군이 문재인 정권을 두려워하며, 혹은 문재인 정권
이 군을 억누르고 있는 일단이 보였다고 생각하고 있다.

언론이 가담하는 독재체제

다음으로, 실책이 거듭되고 있는데도 불구하고 정권의 지지율
이 떨어지지 않고 있는 이유로서는 정권이 매스컴을 거의 장악하
고 있다는 점과, 매스컴도 적극적으로 정권과 보폭을 맞추려는 인
물들이 수장으로 잠복해 있기 때문이다. 이렇기 때문에 불공정한
움직임이 있다는 점을 지적해 두고 싶다.

한국에서는 조선일보, 동아일보, 중앙일보가 발행부수 상위의
세 신문이며 모두 보수성향의 신문이다. 이 중에서 특히 톱인 조
선일보는 문재인 정권과 첨예하게 대립하고 있다. 그러나 신문의
퇴조는 일본 이상으로 격심하여, 텔레비전과 인터넷 뉴스가 여론

형성에 큰 영향을 미친다.

한국에는 일반 지상파 텔레비전으로 세 방송사가 있지만 공영방송 KBS와 반관반민인 MBC 사장은 여야당이 선출한 이사 등이 정하며, 해임도 시킨다. 전파 할당도 정부의 권한이기 때문에 정권의 변화에 따라 좌우되기 쉬운 구조이다.

KBS나 MBC에서는 민주노총계의 언론노조 산하의 조합이 파업을 일으켜 사장 해임을 요구하여 프로그램 제작에 큰 지장을 초래했다. 그 결과, 정권이 바라는 대로 사장 교체가 실현되어도 방송사는 정상에서 현장까지 문재인 정권과 가까운 사람들에게 '점거되고' 말았다. 그들의 입맛에 맞지 않는 사람은 해고되었다.
민방의 SBS나 케이블 TV의 뉴스전문 방송국인 YTN 등도 마찬가지이다. 또한 박근혜 정부 탄핵의 도화선이 되어 현재는 '정의의 편'으로 뉴스 프로그램 시청률 선두를 달리고 있는 JTBC의 손석희(孫石熙) 캐스터(보도부문 사장 겸임)는 MBC 노조 출신이다.

이리하여 주요 방송사들은 정권에 유리한 뉴스가 대부분이며 불리한 뉴스는 보도하지 않는다. 그들은 이제 더 이상 저널리즘 역할을 못하고 있다. 민주주의 국가의 저널리즘의 부재인 것이다.

문재인 정권에 의문을 갖는 언론인이 있다고 해도 대들게 되면 상당한 곤란이 따른다. 문 정권에 정면으로 대항하고 있는 것이 조선일보와 그 계열의 케이블 텔레비전국인 TV조선이다. 드루킹 사건의 특종은 TV조선이 거머쥐었다.

그러자 경찰은 "이 회사 기자들이 드루킹의 거점이었던 출판사 사무실에서 절도 행각을 벌였다"라며 자택을 수색하고, 나아가 방송국에 대한 강제수사를 시도했지만, 사원들의 저항과 비판의 목소리로 인해 포기했다. JTBC의 최순실 태블릿은 절도가 아니란 말인가… 이 또한 "내로남불"과 유사하다.

조선일보 그룹에 대한 공격은 사주 일족의 사생활까지 미쳤다. 정권의 경제정책과 외교 중심으로 비판하고 있는 중앙일보에 대해서는 그 정도까지 하고 있지는 않다. 이는 전통적 보수 신문인 조선일보와 그 지지층을 강하게 '적폐'로 간주하고 있는 증거라 할 수 있을 것이다.

해외 언론에까지 압력을 가하는 집권여당

이러한 국내 매스컴의 움직임과는 무관하지만 그만큼 객관적인 시점을 제공할 수 있는 것이 해외언론이다. 아무리 국내 매스컴을 억누르고 있어도 인터넷 시대인 지금은 얼마든지 외신기사를 접할 수 있다. 한국의 젊은이들은 영어를 잘 습득하고 있으며 편리한 자동번역 기능도 있다. 젊은 세대일수록 언론 지배로부터 자유로운 것 같다.

이 점에 초조함을 느끼고 있어서인지, 아니면 '우물 안 개구리'라서 국제적 감각이 부족한지는 알 수 없지만, 정권과 여당, 그 지지 세력들이 최근 들어 해외 매스컴에 대한 선을 넘는 반응이 여기저기서 보인다.

가장 두드러진 예는 미국 블룸버그 기자에 대한 '압력'이다. 블룸버그는 문희상 국회의장의 "위안부 문제는 전쟁범죄의 주범의 아들인 일왕의 사죄로 해결할 수 있다"라는 발언을 공개한 매체이다. 2018년 9월 21일에는 같은 회사 소속의 한국계 기자의 서명 기사에서 평양 남북정상회담을 마치고 온 문재인을 '김정은의 수석대변인이 되다'라는 제목으로 논평하고 있다. 이미 언급했지만, 한미 관계는 이 즈음에는 이미 상당히 악화되어 있었고, 국제사회도 제재완화와 경제협력을 내거는 한국을 의문시하기 시작했다.

다음 해인 2019년 3월 12일, 한국 국회에서 자유한국당 나경원 원내대표는 이 논평을 인용하는 형식으로 비판했더니 난리가 났다.

더불어민주당 홍보국은 다음날 나경원에 대해 "발언을 철회하라"고 요구했을 뿐만 아니라, 원 기사를 쓴 블룸버그 기자를 지목해 "악명 높은 기사", "이 기자는 한국 국내 미디어에서 근무하고 있었지만 후에 블룸버그 통신의 리포터로서 채용된 후 곧바로 문제의 기사를 썼다", "미국 국적의 통신사를 숨기며 국가 원수를 모욕한 매국 행위와 같은 내용."(이상 조선일보 일본어판 2019년 3월 17일 자)이라고 비판했다.

언론자유를 보장하고 있는 자유주의 나라의 집권 여당이라고 보기 힘든 등골이 오싹해지는 발언이다.

한국 주재 해외 미디어로 구성되는 외신 기자클럽은 기자를 위협하는 이 발언을 비난하고 청와대에 견해를 요구했다. 결국 여당은 기왕의 발언을 철회한 후 사과하였고, 청와대는 보도의 자유를 약속했다. 당연하다.

하지만 비슷한 경우는 다른 곳에서도 목격할 수 있다. 영국의 가디언지, 타임지, 미국의 워싱턴 타임지의 특파원을 역임하고 한국에서 근 40년 언론인 생활을 보낸 마이클 부린 전 서울 외신클럽 회장이 광화문 광장에 세월호 추모비를 설치하는 것의 적절성을 묻는 칼럼을 조선일보에 기고했다. 요지는 "문재인 정권의 지지자들은 희생자 진혼을 빌미로 국민을 분열시키고 있는 것이 아니냐"는 것이다.

조선일보 보도(일본어판 4월 23일 자)에 따르면, 칼럼 게재 후 KBS기자가 브린 전 회장에게 전화를 걸어 "해당 칼럼은 조선일보가 써달라고 했느냐"고 추궁하기에, 아니라고 답하고, "한 달에 한 번 집필하고 있는 칼럼이고, 자신의 의지로 쓴 기사이며, 사전에 조선일보 측에 보여주지 않았다"고 답했다.

그러자 기자는 "원문을 보여 달라"고 요구했고, 전 회장은 원문을 보냈다고 한다. 일국의 공영방송이 언론인에게 원문을 요구하는 것만으로도 이해가 안 되는 부분이지만, KBS는 4월 21일의 텔레비전 시사 프로그램에서 해당 칼럼을 "조선일보가 사정을 잘 모르는 외국인 기자에게 쓰게 했거나 특정 의도를 가지고 번역한 것"이라고 몰아붙였고, "광화문 광장이 촛불혁명의 땅이라는 것을 모르고 있다"고 비판했다고 한다.

이 정도가 되면 이는 검열이나 프로파간다와 같은 상황이다. 게다가 이런 일을 정부 기관도 아닌 같은 매스컴이 하고 있다. 이것이 한국형 민주주의의 실태인 것이다.

젊은이를 '북한 인민'으로 만드는 전교조

민주주의 국가, 자유주의 국가라면 비정상적으로 보이는 상황에서도 국민의 반응을 느리게 그리고 쉽게 구워삶을 수 있는 이유는 교육에 있다. 특히 현재 30~40대층은 다른 연령층보다 두드러지게 문재인 정권을 지지하고 있다. 한국 갤럽의 2019년 6월 2주간의 조사에 의하면, 전체 지지율과 반대율은 막상막하나, 50대의 지지율이 41%, 반대가 53%, 60대 이상에서는 28%/61%인 반면, 30대는 지지가 59% 반대가 36%, 40대는 61%/31%였다.

30~40대는 민주화 운동이 한창이던 시기부터 김대중 정권과 노무현 정권 등 실제 진보진영이 집권한 시대에 교육받은 세대다. 그리고 지금 한국경제의 중심을 맡고 있는 이들을 가르친 이가 민주노총의 핵심 중 하나인 전국교직원노동조합(전교조) 소속 교사들이다.

전교조는 과격한 좌파이자 한국의 좌파 특유의 민족주의적 경향을 갖고 있다. 미국과 함께 쌓아온 대한민국의 역사에는 부정적인 대신에, 북한의 역사관, 즉 김일성이 혁명군을 지휘하여 한민족의 힘만으로 일본을 쓰러뜨렸다는 스토리를 찬미한다. 그러니 통일이 궁극의 염원이고, 북한 주도의 통일이야말로 그들에게 '평화'인 것이다.

박근혜 전 대통령은 이런 움직임을 억제하기 위해 국정 교과서 도입을 시도했으나 탄핵되어 그 계획은 백지화되었다. 그리고 지금 문재인 정권을 지지하고 있는 진보층은 전교조의 제자 세대이다. 그들에게는 선택의 여지가 없었다. 객관적인 사고, 비판적인 검증 등은 배우지 못했다.(개인차는 있겠지만).

흥미로운 것은 현재 한국에서 비교적 경제적으로 성공하여 강남의 고급 아파트에 살고 있는 층도 경제 실정(失政)을 알면서도 문재인을 지지하고 있다는 점이다. 세 살 버릇 여든까지라지만 "진보정권은 옳다"고 철썩 같이 믿고 있는 것이리라.

반면에 더 젊은 층에서는 문재인 정권의 지지는 다소 적어진다. 전교조 교육의 영향을 받았다는 점에서는 같지만 "십 년 동안 보수 정권이 지속된 것, 그리고 인터넷의 보급에 의해 지식의 흡수와 축적이 반드시 학교 교육 일변도는 아니라는 점이 영향을 주고 있는 것은 아닐까."라는 시각이 있다.

젊은 층은 무엇보다 경제 부진을 뼈저리게 느끼고 있다. 어려운 수험경쟁을 이겨내도 취직은 물론 아르바이트조차 얻기 어려워지고 있는 것이다. 이에 대해서는 제4장에서 논하겠다.

대학 대자보에 그려진 '문재인 왕'

그런 젊은 세대가 문재인 정권을 비판하는 내용의 대자보를 만든 것이 화제가 됐다. 보도를 종합하면, 2018년 12월경부터 '전대협'이라 자칭하는 단체에 의한 대자보가 전국 약 100개 대학에 내걸렸고, 이듬해 4월경에는 국회와 대법원 등에서도 발견되었다고 한다.

내용은 다양하다. 특히 '경제왕 문재인', '태양왕 문재인', '기부왕 문재인' 등의 '왕' 시리즈가 유명하며, 이 외에도 '고용왕' 등이 있다.

중앙일보 일본어판(2018년 12월 19일 자)에 따르면, '경제왕 문재인', '태양왕 문재인'의 대자보에는 "소득주도성장 때문에 외환위기 이후 최고의 실업률을 달성했다." "최저임금 인상으로 소상공인이 멸망해 아르바이트를 영원히 쉬게 되었다."는 등의 아이러니한 말도 회자되었다. 게다가 김정은의 '지시'에 의해 내걸었다고 서명까지 들어 있었다. 그리고는 문재인을 '인민의 태양'이라고 칭송하고 있다.

모두 북한식 프로파간다의 패러디이다.

이것은 유머가 있을 뿐만 아니라 정교하다. 경찰에 많은 신고가 들어왔다고 하지만, 북한 제작물도 아니고 정권을 '칭찬하고' 있는 것이라 명예훼손도 되지 않는다.

본래 학생의 정치운동의 자유를 단속하면 운동권 출신인 현 정권 관계자에게는 자기모순이며 '내로남불'이 되어 버린다. 그렇기 때문에 대자보 작성자들은 '전대협'(민주화운동을 담당한 학생단체)이라 밝히고 있는 것이다.

현 정권은 스스로를 '정의'라고 진지하게 믿고 "그 무엇을 해도 좋고, 어떤 실수를 하더라도 용서받을 수 있다"고 생각한다. 그 속 타는 마음을 멋지게 해소하고 있는 젊은이들이 있다는 것은 현재의 고통을 반영함과 동시에 궁극적인 본질을 간파하는 젊은이들도 있다는 것으로 희망적이다.

보수에게도 문제와 책임이 있다.

선거법 개정, 전 정권 관계자의 '적폐청산'에 의한 체포 구속 등, 독재화를 계속 진행시키고 있는 문재인 정권이지만, 역으로 자유한국당을 '독재자의 후예'라며 공격하고 있다. 문재인 정권의 가장 중요한 사명은 앞으로 오랜 세월 진보정권의 기초를 닦는 것이니 유리할 때 자유한국당을 무조건 공격하고 쇠퇴시키려고 안간힘을 쓰고 있다.

그들은 앞으로 보수정권이 다시 탄생한다면 그들이 무사할 수

없을 것을 알고 있을 것이다. 이미 현 정권이 당당히 실행하고 있
는 행위들도 보는 사람이 바뀌면 헌법 위반, 국가보안법 위반, 부
패를 추궁당할 것이고, 그 외 겉으로 드러나지 않은 것들도 많다.
거의 모든 언론이 감시를 게을리하고 있기 때문이다.

　얼핏 보더라도 문재인 정권이 정책운영을 잘하는 것 같지 않다.
실수 덩어리에 독선적인데 반성도 없고, 정책을 입안하는 능력도,
수정할 능력도 없다. 이런 상태로 정권이 유지되고 있는 것이 신
기할 따름이다.

　이렇게 된 배경으로서 나는 보수 진영에게도 문제가 있다고 생
각한다. 장외투쟁만 계속해서는 더 이상 유권자의 지지는 되찾을
수 없다.

　문재인 정권은 현실에 대한 큰 책임이 있고, 추궁받아야 하겠지
만, 일반 한국인들을 각성시키지 못한 보수에도 간접적인 책임이
있다. 보수가 어떻게 하면 다시 '보통 한국인'과 대면할 수 있을
지는 마지막 장인 제6장에서 논하겠다.

독재정권을 계승할 사람은 누구인가

　문재인 정권의 명맥은 과연 누가 잇게 될까? 여론조사기관 리얼
미터의 2019년 6월 조사에 따르면, 자유한국당 황교안 대표가

22.4%로 1등이지만 2위인 이낙연(李洛淵) 총리(20.8%)와의 차이는 미미하고, 3위 뒤로는 이낙연 씨 이외의 여당계 정치인의 이름이 있으므로, 아직까지는 진보가 리드하고 있다고 생각해야 할 것이다.

누가 문재인의 뒤를 이어받을까? 이 점에 대해선 여당 내에서의 권력 투쟁이 시작된 것으로 보인다. 특히 2019년 1월까지 대통령 비서실장으로 재직하던 임종석은 다음 번 총선에 출마할 것으로 보인다.

그는 '그림자 대통령'이라고 소문난 실력자이다. 한양대 총학생회장, 전대협 제3대 의장을 역임, 1989년 임수경을 북한에 보낸 친북파이다. 또한 북한의 중앙방송위원회로부터 권한을 대행받아 남한의 방송국으로부터 방송 소재의 저작권료를 징수하고 있는 단체의 이사장을 맡기도 했다. 이낙연 총리와는 달리 일반 국민에게는 인기가 없지만, 언론인 출신인 이 총리는 정치적 기반이 없다.(대통령직을 노리고 있는 것 같지도 않다). 반면에 임종석은 '실력'과 기반을 가진 정통파 진보 인사임이 확실하다.

그런데 여당 내에서는 유력한 차기 대권 주자로 꼽혔던 거물급 정치인들이 정치생명에 큰 타격을 입는 사건이 계속되고 있다.

지난 번 선거에서 문재인과 민주당 예비 선거를 치른 안희정 전 충남지사는 일반대중에게 인기가 있었을 뿐만 아니라 "민주당 내에서는 비교적 균형감각이 뛰어나다"는 평판의 인물이었다.

나도 개인적으로 잘 알고 있고 대화가 가능한 인물이었다. 그런
데 손석희 캐스터의 JTBC 뉴스 프로그램에서 비서로부터 성폭행
을 생방송으로 고발당해, 성관계를 인정하고 지사를 사직했다. 1
심에서 무죄판결을 받았지만 2심에서는 그것이 파기되고 실형이
선고됐고 그 자리에서 구속되었다.

마찬가지로 문재인과 예비 선거를 치르고 일본에 대해서도 엄
격한 논평을 하여 일부에서 '한국의 트럼프'로 불렸던 이재명 당
시 성남시장은 그 후의 통일 지방선거에서 경기도지사에 당선돼
차기 대통령 후보로서 순탄하게 걷는 듯했지만, 여배우와의 스캔
들과 아내가 트위터에서 "정적과 세월호 유가족을 공격했다"는
것을 올려, 결국 "친형을 정신병원에 강제 입원시켰다" 등의 혐
의로 기소되었다. 유죄가 되면 실직당할지도 모르는 상황에 몰렸
지만, 일심에서 무죄판결을 받아냈다.

왜 이런 일이 계속되는지 궁금해하는 사람은 나뿐일까. 어떤 나
라, 어떤 정당에서도 권력 투쟁은 으레 따르기 마련이지만…

제 4 장

경제와 국민생활을
파괴하는 지도자

예상대로 경제 재앙이 일어나 버렸다

내가 이전에 쓴 책에서 예상했던 대로의 일들이 한국경제를 강타하면서 사태는 더욱 심각해졌다.

문재인 정부가 실천하고 있는 '소득주도 성장'은 세계 일류 경제학자 중 누구 하나 인정하지 않는 사교(邪敎)이다. 최저임금의 급격한 인상과 '주 52시간 노동제' 등의 시책은, 마치 약자와 노동자를 지키고 있는 것처럼 보이지만, 그렇지 않다. 게다가 준비 부족 상태에서 잘못된 형태로 도입한 결과, 문 정권에 기대를 걸었던 사람들의 일거리를 오히려 빼앗아 삶을 더 어렵게 만들고 있다.

그런데 앞으로 더 심각한 경제난이 한국을 덮칠 것이다. 한국경제는 이미 악순환에 빠져서 앞으로 두드러질 세계경제 침체에 휘말릴 가능성이 높기 때문이다.

먼저 통계수치를 확인해 보자. 왼쪽 표는 박근혜 정부 시대의 2013년에서 최근까지 국내 총생산의 전 분기 대비의 추이이다.

이미 큰 뉴스가 되었지만, 2019년 1월~3월은 마이너스 0.4%(속보치는 마이너스 0.3이었으나 하방 수정되었음)로 세계 금융위기 이후 최저 수치이다.

이 책 집필 시점에서 한국 정부의 2019년 성장률 전망치는 플러스 2.6~2.7%였지만, 민간 그리고 공적인 연구기관조차 더욱 비관적인 예상으로 전망치를 낮추고 있다.

〈한국의 4반기별 GDP 성장률〉

2013	2014	2015	2016	2017	2018	2019
0.7	0.9	0.9	0.4	0.9	1	−0.4
1.1	0.7	0.2	1	0.5	0.6	
0.9	0.4	1.5	0.5	1.5	0.5	
0.9	0.6	0.7	0.8	−0.1	0.9	

실질, 전월비, 계절조정(한국은행)

신용평가회사의 최고치는 2.5%에서 2.0%로 대폭 낮췄다. 골드만삭스는 2.3%에서 2.1%로, 공기업인 한국개발연구원(KDI) 및 금융연구원도 2.6%에서 2.4%로 낮추고 경제협력개발기구(OECD)도 동일한 수치를 제시했다. 가장 비관적인 예측을 내놓고 있는 기관은 노무라증권(野村證券)으로 2.4%에서 1.8%로 낮췄다. 만약 실제로 2% 아래로 저성장이 되면 초강대국 미국을 밑돌 뿐 아니라 "일본을 따라잡아라, 추월하리"며 일해 오면서 성장률을 자랑으로 삼아온 한국이 일본과 큰 차이가 없거나 뒤처지고 만다.

그리고 이 비관적 시나리오는 상당히 개연성이 높다고 생각한다.

KDI는 '경제동향' 4월호에서 내수부진 속에 수출도 주력 품목 중심으로 감소, 생산 면에서도 부진, 서비스업의 성장도 둔화라는 견해를 나타내고 있다. 그야말로 팔방이 다 막혀 속수무책이다. 팔방이 다 막힌 상태이다.

특히 수출 부진은 일본과는 비교가 안 될 정도로 심각한 영향을 미칠 것으로 보인다. 전에 쓴 책에서 지적했던 대로, 호조인 반도체 수요와 가격급등으로 지탱되어 온 것이 역회전하고 있고, 한국경제의 버팀목인 삼성전자조차 긴장을 늦출 수 없는 상황이다. 미중 무역전쟁과 빈번한 파업, 그리고 인건비 상승 요인과 더불어 노동생산성의 낮음에 고민하는 현대 · 기아자동차 그룹을 비롯한 자동차 산업도 중국 시장을 중심으로 부진하다.

내수가 큰 일본이나 미국과 달리, 한국경제는 GDP의 수출의존도가 선진국 중 두드러진다. 따라서 한국의 경제 상황은 수출액 동향으로 확인할 수 있다.

문재인 정부 이후 수출액은 전년 동월비로 명확한 하강 그래프를 그리고 있다. 특히 2018년 12월부터 이 책 집필시의 최신 숫자인 2019년 6월까지 7개월 연속으로 전년 동월 대비 마이너스라는 이상(異常) 사태에 빠졌고, 2019년 상반기 전체로는 8.5% 감소했다. 6월의 상황을 품목별로 보면 반도체(-25.5%), 석유화학(-24.5%) 등, 한국 기업의 강점이었던 분야들이 시원치 않다. 반도체는 5월에도 −30%를 넘었다.

거액의 소득 흑자(해외 금융자산에서 생기는 이자나 배당금 등)가
있는 일본과 달리, 한국이 대외 채권국(대외순자산이 플러스)이 된
것은 2014년부터이다. 무역수지 악화는 고스란히 경상수지 악화
로 이어질 수 있는데 실제로 2019년 4월에는 7년 만에 적자로 전
락했다.

한국은 전형적인 개방형 경제이기 때문에 향후 세계경제 악화
에 따른 악영향을 다른 선진국보다 더 크게 받게 될 것이다.

〈한국의 월별 수출액 전년 동월 대비 추이〉

	2017	2018	2019
1	11	22.3	− 6.2
2	20.2	3.1	− 11.4
3	13.1	5.5	− 8.3
4	23.8	− 2.0	− 2.0
5	13.1	12.8	− 9.1
6	13.4	− 0.1	
7	19.4	6.1	
8	17.4	8.7	
9	34.9	− 8.1	
10	6.7	22.5	
11	9.7	3.6	
12	8.8	− 1.7	단위:%

무능한 〈고용정부〉가 속이는 진짜 실업률

　문재인 정권은 재계의 움직임을 강하게 견제하고 최저임금을 올리는 등 코스트를 상승시키고 노동생산성을 저하시키고 있다. 인식 부족과 빗나간 대응으로 방향을 잡지 못한 채 무작정 달려 나가고 있는 것이다. 대통령의 경제 인식은 "(경제는) 다행히 서서히 나아지는 추세다. 거시적으로 보면 한국경제가 크게 성공한 것을 인정해야 한다."(2019년 5월, 취임 2주년에 KBS 기자와의 대담) "정부의 경제정책 성과는 바로 체감할 수 없는 경우가 있다." "총체적으로 보면 한국 경제는 성공으로 나아가고 있다." (동, 중소기업인 대회에서, 중앙일보 일본어판 5월 17일 자)는 것이다.

　그러나 2년이나 잘못된 정책을 펼치면 경제의 주체인 가계와 개인이 영향을 받기에 충분하다. 그 대표적인 예가 '소득주도 성장' 인데, 내용을 들여다보기 전에 참담한 상황에 놓여 있는 고용정세를 숫자로 확인해 보자.

　문재인은 "고용증가가 2019년 2~3월 25만 명 수준으로 높아지고, 청년 고용률은 크게 상승했고, 청년 실업률은 크게 떨어졌다."(KBS 기자와의 대담)고 말했지만, 여기에는 숨겨진 속임수가 있다.

　'청년층' 은 15~29세를 가리키고, '취업자' 는 일주일 중 한 시간 이상 취업시간이 있는 사람, 그리고 실업자는 취업을 하지 않고 실제로 직업을 구하기 위해 활동하고 있는 사람을 가리키기 때문에, 아르바이트를 하면서 취직 시험이나 공무원 시험을 준비 중인 사람, 취직 활동을 포기한 사람, 이른바 니트족 등은 포함되지 않는다.

그렇기 때문에 최근 화제가 되고 있는 지표가 "체감 실업률"이라고 불리는 수치인데, 이는 취업준비 중인 사람, 포기한 사람, 주 36시간 미만의 일밖에 하지 않으면서 안정된 직업을 원하고 있는 사람들을 포함한 것이다.

〈실업률〉

	2017			2018			2019		
	청년체감 실업률	청년 실업률	실업률 (전체)	청년체감 실업률	청년 실업률	실업률 (전체)	청년체감 실업률	청년 실업률	실업률 (전체)
1	22.5	8.6	3.7	21.8	8.7	3.7	23.2	8.9	4.5
2	24.1	12.3	4.9	22.8	9.8	4.6	24.4	9.5	4.7
3	24.0	11.3	4.1	24.0	11.6	4.5	25.1	10.8	4.3
4	23.6	11.2	4.2	23.4	10.7	4.1	25.2	11.5	4.4
5	22.9	9.2	3.6	23.2	10.5	4.0	24.2	9.9	4.0
6	23.4	10.4	3.8	22.9	9.0	3.7			
7	22.6	9.3	3.4	22.7	9.3	3.7			
8	22.5	9.4	3.6	23.0	10	4.0			
9	21.5	9.2	3.3	22.7	8.8	3.6			
10	21.7	8.6	3.2	22.5	8.4	3.5			
11	21.4	9.2	3.1	21.6	7.9	3.2			
12	21.6	9.2	3.3	22.6	8.6	3.4			단위:%

한국통계청 「경제활동인구조사」

가장 최근 들어 그 체감 실업률이 무려 20%를 넘어서 2019년 3, 4월은 25%를 넘었다. 즉, 청년 4명 중 1명이 일에 관해 "불만스럽다" "안정된 직장을 갖고 있지 않다"는 얘기다.

앞 페이지의 표에 주목하면, 매년 연초부터 초봄에 걸쳐 청년 실업률, 체감 실업률이 상승하고 여름부터 가을에 걸쳐 하락하는 경향이 있음을 알 수 있다. 이는 취직이 정해지지 않은 졸업자와 함께 봄에 9급 공무원 시험(2019년은 2월 말 원서 접수, 필기시험은 4월 6일) 등 공무원 시험이 설정되어 있기 때문에 공무원을 목표로 하는 사람들이 준비 차 일단 일을 떠나기 때문이라고 한다.

9급 공무원은 일본에서는 국가 3종 시험에 해당하는 고졸자 대상인 초급직이지만, 한국은 공무원 선호 경향이 강하여 대기업보다 임금이 60% 정도밖에 되지 않는 중소기업 기피 현상이 있다. 고졸자 대상 시험에 재벌 대기업을 포기한 유명대학 출신 대졸자도 도전한다. 2019년은 5천 명 미만의 채용 예정에 20만 명 가까이 응시했고 경쟁률은 약 40대 1이었다고 한다.

따라서 수치는 전년 동월과 비교해야 하지만, 여기서 청년 실업률과 체감 실업률을 분석해 보면 기이한 사실을 알게 된다. 3월을 보면 2018년 청년 실업률 11.6%에 비해 2019년은 10.8%로 개선되었다. 전체 실업률로 보아도 4.5% → 4.3%로 떨어졌다. 앞서 언급한 문재인의 발언은 이 수치를 인용한 셈이다.

그러나 청년 체감 실업률로 보면 24%에서 25.1%로 오히려 악화되었다. 이 현상의 배경에는 문재인 정권의 잘못된 고용정책이 있다.

고용대책으로서 문재인 정권이 택한 것은, 추경에 따른 공무원 증가와 고용보험을 활용한 비정규직에서 정규직으로의 전환 지원이다. 공공기관의 고용 80만 명 증가라는 터무니없는 목표에 장단을 맞추기 위해 전기가 꺼졌는지 점검하는 등과 같은 임시고용이 많이 생겨 화제가 되기도 했지만, 요는 재정지출을 하려는 것이다. 그리고 정권은 개선된 고용의 '내용'에 관해서는 언급하지 않았다.

이날 조선일보 사설은 '올 들어 취업자가 증가했다고 하지만 쓰레기 줍기, 지하철 몰카 촬영 감시, 장난감 소독 등 고령자의 단기 아르바이트를 30만~40만 건을 급조하여 얻은 결과이다. 이를 제외하면 4월 전체 일자리 수는 오히려 16만 건 감소했다. 산업 현장의 주력인 30~40대 일자리는 28만 건 줄어 제조, 금융, 유통업에서 17만 건 감소했다. 청와대는 "청년층도 개선되었다"고 하지만, 교실의 전기 끄기나 태양광 패널 닦기 등 단시간 아르바이트가 증가한 결과'라고 비판했다.

문 정권이 내세우는 성과는 모든 것이 숫자의 마술인 것이다.

'소득주도 성장'이라는 최악의 경제정책

소득주도 성장에 관해서는 대통령 선거공약 단계에서 미리 주장했던 것으로서 그것이 사교(邪敎)임을 앞에서 쓴 책에서도 이미 비판했으므로 반복하지 않겠다. 최저임금을 대폭 인상해 저소득층의 소득을 올리면 소비가 늘고 경제가 성장한다는 이론은 '부두 경제학(Voodoo Economics)' 그 자체이다. 나 같은 경제학 문외한도 그 위기를 쉽게 이해할 수 있다.

그런데 문재인 정권은 단 3년 만에 시간당 만 원을 달성하기 위해 최저임금을 당선 이듬해인 2018년에 전년보다 16.4%, 2019년은 10.9%나 올렸다. 즉, 취임 후 약 28%의 가파른 상승 폭이 된 셈이다.

소득주도 성장정책을 취한다면, 증가하는 임금 지불을 가능케 하는 생산성 향상이 동반되어야 한다. 그러기 위해서는 기업의 투자확대가 필요할 것이다. 하지만 소득주도 성장을 주장하면서도 기업을 대상으로 투자촉진 정책은 취하지 않았다. 오히려 원자력 발전을 중단시켜 전력 코스트를 올리는 등 역행하는 정책을 취하고 있다. 이는 야당이 인기를 얻기 위해 세금은 올리지 않고 지출은 늘리려는 것과 마찬가지로 반드시 파탄 나는 정책이다.

　작년부터 한국에서는 해외 투자가 2배로 증가하고 있다. 실제로 지금 한국에 투자하는 사람은 '애국자'라 할 정도로 보기 드문 경우이다.

　이런 비판을 받아서인지, 실은 이미 공약을 지키지 않을 것을 의식한 대응도 볼 수 있다.

　이 정책을 주장했던 장하성(張夏成) 청와대 정책실장(전 고려대 교수)은 2018년 11월에 경질되었다. 뒤를 이은 문재인 최측근인 김수현(金秀顯) 실장도 소득주도 성장을 이어갔다. 그 결과 경기 악화의 책임을 지는 모양새로 2019년 6월에 퇴임하면서 재벌에 엄격한 것으로 유명한 김상조(金尙祖) 공정거래위원회 위원장이 동 실장이 됐다. 아마도 소득주도성장을 재벌 때리기로 바꿔치기할 심산이겠지만, 경제는 이미 지리멸렬 상태이다.

　결국 뚜껑을 열어 보면 최저임금 인상을 주장한 것은 민주노총 등의 노조에 국한되었던 것이고, 재계뿐만 아니라 그보다 약한 입장의 중소기업, 개인기업 경영자, 그리고 그곳에서 일하는 노동자들로부터는 항의가 빗발쳤던 것이다.

　문재인의 경제정책 실패를 확인함과 동시에 내게 큰 충격을 준 뉴스가 있다.

　한국 통계청의 '가계소득 동향'에 따르면, 2018년 4/4 분기의 소득 하위 20%(소득 수준이 5단계로 최저층)의 월간 평균소득이 전년 동기 대비 17.7% 감소했고, 해당 통계가 집계되기 시작한 2003년 이후 가장 큰 감소를 보였다는 뉴스였다. 반면, 상위 20%가 10.4%의 증가율을 보여 이 또한 통계 개시 이래 처음으로 두 자릿수가 된 것이라고 한다.

이건 아무리 생각해도 납득이 가지 않는다. 저소득층의 소득을 올리기 위해 최저임금을 급격히 인상한 것이었는데 뒤죽박죽의 결과가 되어버리고 만 것이다. 더욱 가공할 만한 것은 하위소득층에 관한 통계이다. 공적 보조금을 제외하면 하위 20%의 감소율은 약 30%로 근로소득으로 한정하면 37%나 감소했다는 점이다.

한번 생각해 보자. '근로소득 37% 감소'라는 숫자의 이면에 보이는 것은 "벌이가 적어졌다"라기보다는 '근근이 살아가고 있는' 수많은 사람들의 모습이 아닐까.

'급격한 최저임금 인상'이라는 금단의 정책은 아니나 다를까 가장 약한 입장인 비정규직과 일용직 노동자들을 급습했다. 하위 20% 층 중 무직 가구 비율은 43.6%에서 55.7%로 늘어났다. 여론조사에 의하면, 문 정권 이후 생활이 어려워졌다는 사람들이 59%에 이르고 있다.

이와 동시에 소규모 기업과 개인 경영자도 직격탄을 맞았다. 최저임금이 오르면 종업원을 해고하거나 시간을 단축할 수밖에 없다. 2019년 5월, 종업원이 있는 자영업자 수는 전년 동월에 비해 6만 명 가까이 줄고, 반대로 종업원이 없는 자영업자는 1만 8천 명 늘었다고 한다. 그 전형적인 예가 프랜차이즈 편의점, 치킨점, 작은 공장 등이다.

요즘 서울에서는 젊은이들이 편의점 아르바이트를 찾는 것조차 몇 배의 경쟁률을 뚫어야 된다고 한다. 지금까지의 근무시간이 줄어들어 당황하거나 경영자 스스로 혹은 그 부모들이 매장에서 일하게 되는 경우가 많다고 한다.

한국에는 오래 머물 수 있는 카페가 많아 식음료 섭취 목적 이외에도 학생이나 취직 준비생이 오랜 시간 공부하거나 컴퓨터를 가지고 와서 일하는 케이스가 많다. 최근 어떤 사람에게서 들은 이야기로는, 최근 들어서 40대, 50대의 정장을 입은 남자가 하는 일 없이 장시간 자리를 지키는 모습을 자주 목격할 수 있다고 한다.

명함을 뒤지고는 어딘가에 전화를 걸어 가끔 동년배로 보이는 사람이 찾아오기도 한다. 자존심이 강한 한국인들은 정리해고됐다는 사실을 주위에 알리기가 싫은 것이다. 따라서 실직했지만 집에 있을 수도 없어 정장을 입고 거리에 나와 어떻게든 재기를 꾀하려는 모습인 것이다. 듣는 것만으로도 가슴 아픈 이야기다.

덧붙이자면, 2018년 7월부터 주당 근로시간 상한을 68시간(기준 근로시간 40시간에 초과근무 28시간까지를 더하여)에서 52시간(동 12시간까지)으로 하는 개혁도 본격적으로 가동하고 있다(영세사업자에게는 유예가 있다). 문재인 씨는 진심으로 약자를 구하려고 했을지도 모르지만, 결국 가장 구제받아야 할 약자들을 지옥으로 보내고 만 것이다. 소득주도 성장이 일자리를 빼앗고 소득을 빼앗았다. 성장을 둔화시켜 오히려 격차를 확대시킨 것이다. 이는 세계 각국의 대학 강의에서 나쁜 예로 소개되고 있고 사례 연구가 이루어지고 있다.

강남의 고급 식당에서 우아한 식사를 즐기면서 문재인 씨가 연출하는 '정의'와 '평화 무드'에 아직도 사로잡혀 있는 사람들은 이런 현실을 알고 약자의 생활을 떠올리기나 할까. 이래도 문재인 씨를 지지하려는지. 진보정권 시절에 교육을 받고 문재인 씨를 지지하는 30대, 40대 사람들은 자신들이 실직해도 문 씨를 여전히 지지할 생각일까.

점차 '그리스화' 되어가는 한국경제

52시간 노동제를 벌칙을 수반해서 본격 도입하는 덫에는 의외의 사람들이 분통을 터뜨렸다. 바로 전국 버스 운전기사들의 노조이다. 한국은 버스가 일본과는 비교가 안 될 정도로 중요한 대중 교통 수단이다. 그러나 운전기사의 대우는 열악해서, 조금이라도 더 벌기 위해서는 많은 야근을 해야만 하지만, 52시간 노동이 되면 벌이가 그만큼 줄어들고 만다. 이것은 그들에겐 사활문제이다.

그리고 2019년 5월, 버스 운전기사들은 총파업을 계획했다. 결행되었을 때의 영향의 크기, 이용자인 유권자의 반발을 두려워한 정부와 지자체는 보조금 확대와 운임 인상으로 대처해 파업은 피했지만, 해결 수단은 공적자금 투입이며 결국 부담은 국민의 몫이다.

노동시간 단축을 위해서는 임금인상을 해야만 생활이 어려워지는 사람이 안 생긴다는 것은 자명한 이치이다. 이렇듯 문 정권의 정책은 당연한 귀결도 생각하지 않고 도입하는 무계획적인 어리석은 정책인 것이다.

소득주도 성장의 잘못을 좀처럼 정면으로 인정하려 들지 않는 문재인이지만, 수치의 악영향을 체감하고 있는 만큼 적절한 조치를 취하지 않으면 안 된다. 그래서 시작한 것이 재정정책이다. 때마침 미중 무역 전쟁 등의 외부 요인이 있기 때문에, 변명이 통할 타이밍이 필요했다.

문재인 정권 2년으로 이미 일자리 예산 등으로 약 54조 원을 퍼붓고 있지만, 앞으로는 공공 일자리 확대뿐 아니라 취업준비 중인 청년, 구직을 시작한 자영업자 등 사회복지 대상 외의 사람들에게 최대 월 50만 원을 반년간 준다고 한다. 이는 결국 이듬해의 총선 표를 돈으로 사는 셈이다.

이처럼 현실을 직시하지 않고 잘못을 인정하지 않는 문재인 정권이지만, 이제 와서는 부득이 최저임금 인상 속도를 조절하기 시작했다. 이에 반발한 민주노총은 문재인 정권과 반목하기 시작했다. 문 정권으로서는 자업자득이라고 할 수 있겠지만, 한국의 혼란상을 이런 점에서도 엿볼 수 있다.

2018년은 세계적으로 호황이었다. 유독 한국만 미신 같은 경제 정책으로 인해 동력을 잃은 것이다. 이는 문재인 정권 탄생 이후 한미일의 대표적 주가지수를 비교해 보면 일목요연하다.(오른쪽의 도표 참조)

금융시장이 글로벌화하고 있는 가운데 각국의 주가지수는 적절히 연동되어 움직이고 있다. 물론 성장률과 금리, 배당 이율 등의 차이는 있지만 한국종합지수(KOSPI)의 미국 SP500 지수와 일본의 TOPIX(도쿄증권 주가지수)에 대한 할당 패배감은 오히려 2018년에 들어와서 더 명확해졌다.

〈한·미·일의 주가지수 비교〉

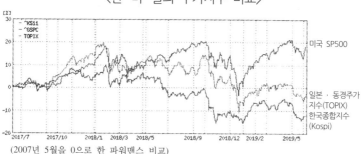

(2007년 5월을 0으로 한 파워맨스 비교)

근본 원인은 경제를 이해하지 못하고, 정치 운동가만을 요직에 앉히고, 제대로 된 전문가도 없는 문재인 정권의 분배 편중, 포퓰리즘 정책 때문이다. 그와 동시에 한국 내의 설비 투자 감소, 국외로 생산거점의 이전이 진행되어 투자에 적합하지 않은 나라가 되어가고 있다. 국내의 '정의' 가 글로벌 경쟁력을 이토록 깎아먹은 것이다.

그 점에 대해서는 매우 흥미 깊은 것이지만, 손해만 보는 사이에 외국인 투자가들은 소리도 없이 떠나가고, 빈틈없는 한국인은 자산을 해외로 옮기기 시작했다. 최근 들어 한국의 리테일 증권회사들의 선전은 해외 투자를 권유하는 내용이 많아졌다고 한다.

우선 고쳐야 할 소득주도성장을 고집하고, 눈앞의 정책에만 의존해서는 문제의 본질이 개선될 리 없다. 광공업 생산, 설비 투자, 수출 등이 모두 부진한데, 재정지출을 늘리고 적자 국채에 의

지하려고 한다면 가까운 미래에 그리스와 같은 상황을 부를 수도
있다.

반도체의 급락과 진퇴양난의 삼성

주가 하락은 한국 기업의 어려움을 여실히 보여준다. 특히 한국
의 수출산업을 지탱해 온 반도체와 자동차가 어려운 상황에 직면
해 있다.

2018년은 그나마 괜찮은 편이었다. 산업통상자원부에 따르면
2018년 수출총액은 약 6,054억 달러로 전년보다 5.5% 증가(다만
2017년 전년 대비 15.8% 증가로부터 대폭 둔화)이다.

그러나 액수 기준으로 전체의 20% 이상을 차지하고 있는 반도
체(전년보다 29.4% 증가)를 뺀 나머지는 정체 혹은 감소이다. 자동
차 1.9% 감소, 디스플레이 9.9% 감소, 무선통신 기기(스마트폰
등) 22.6% 감소, 가전 18.3% 감소 등 모두 좋지 않다. 한국의 수
출이 '반도체 외발 타법'으로 불리는 것은 이 때문이다.

하지만 그 반도체도 현 상황은 어렵다. 왕성한 수요로 가격을
떠받쳐 온 중국의 성장둔화 영향을 받던 차에, 미중 무역전쟁의
영향이 겹쳐지고 있기 때문이다. 특히 한국 기업의 강점이었던 메
모리는 스마트폰 시장과 데이터 센터용 투자에 그늘이 보이기 시

작해 2018년 말부터는 현저한 하락세를 보이고 있다.

한국 경제를 이끌고 있는 삼성전자는 세계 DRAM(다이나믹·랜덤·액세스·메모리) 시장의 절반 가까이를, NAND형 플래시메모리로는 약 3분의 1을 차지하고 있어 반도체 시장 전체에서도 15%의 점유율을 자랑하는 세계최대 반도체 기업이다.

그러나 메모리 거품이라고도 했던 2018년까지의 상황에서 돌변한 것은 삼성전자 결산에서도 알 수 있다. 2019년 1~3월기 결산에선 지난해 같은 기간보다 영업이익이 20%나 줄어든 것이다.

이런 와중에 미중 대립이 더욱 궁지로 몰아간다. 삼성전자는 미중 시장에서의 매출이 전체의 50%를 넘는 구조이다. 미국은 화웨이 배제와 관련하여 한국 정부와 한국 기업에게도 '충성'을 맹세시키려 하고 있으나, 중국 정부도 한국 기업에 대해 미국에 굴복하지 말라는 사인을 보내고 있다. 암암리에 시장을 볼모로 잡고 보복이 쏟아지고 있는 것이다.

문재인 정권은 이런 진퇴양난의 한국 기업에게 "기업 자율에 맡기라"는 식으로 사실상 방치하고 있다. 이는 안보는 미국, 경제는 중국이라는 지금까지의 생존전략이 근본적으로 성립할 수 없는 시대가 왔음을 암시하기도 한다.

문정권의 외교실패의 최대 요인은, 대일 문제처럼, 어려운 문제에 관해서는 '방치하고, 아무것도 하지 않는다' 고 하는 특징에 있다. 사태가 수습되면 좋을 텐데 오히려 악화되기 일쑤다. 한국 기업에 대한 태도 하나만 봐도 그렇다.

토요타, VW보다 비싼 한국 자동차산업의 인건비

더욱 어려운 것은 현대 · 기아 자동차나 르노 삼성, 한국 GM 등의 자동차산업이다. 반도체는 삼성전자, 디스플레이는 LG 전자 등과 달리, 한국 자동차의 경쟁력은 가격뿐이었기 때문이다.

싸드(THAAD) 문제로 중국에서 받은 타격은 아직 회복되지 않았지만, 그러는 동안 저렴한 자동차 보급은 중국 국산으로 대체되어 고급차는 독일차와 일본차를 따라잡을 수 없다. 게다가 중국 자동차 시장 전체의 성장이 멈추고 있는 추세이다. 이런 영향하에 한국의 자동차생산 대수는 2015년 약 445만대였던 것이 2018년에는 약 403만대로 감소, 현대·기아 자동차의 중국 내 일부 공장의 가동을 중단하는 사태가 벌어지고 있다. 이로써 국가별 생산량으로는 인도·멕시코의 뒤를 이어, 과거의 5위에서 7위로 후퇴하게 됐다.

그렇지 않아도 여건이 좋지 않은데, 더욱 무겁게 짓누르고 있는 것이 노동조합의 존재다. 국제적으로 보아도 상식에 부합하지 않는 요구를 반복하며 파업을 연발한다. 갈수록 국제경쟁력은 저하되고 외국자본도 철수를 검토하기 시작했다.

한국 GM은 전라북도 군산시 공장을 2018년 2월에 완전히 폐쇄했다. 그때까지 낮은 가동률을 견디어 왔지만, 글로벌 기준으로 생각하면 단가가 너무 비싸기 때문이다. 그런 와중에 GM 사원의 비싼 인건비를 메우기 위해 가격 인하 교섭의 대상이 되어온 군산 근교의 협력 기업은 일이 완전히 없어지고 말았다.

제조 조합원은 배치전환으로 끝날지도 모르지만, 노조 때문에 하청기업은 도탄에 시달리다가 폐업과 도산이 빈발하게 된다. 이런 식으로 마을이 망가져 가는 것이다. 자동차산업의 저변은 넓은데도 하청기업이 도산하면 한국의 자동차산업 자체가 붕괴될 수밖에 없다. 지금은 그 고비에 서 있는 것이 아닐까.

한국 GM 측은 거듭되는 노사 교섭에 대해 최악의 경우는 파산 처리도 불사한다고 했지만, 지금도 남아 있는 공장에서는 아직도 노사가 대립하고 있다.

비슷한 상황이 르노삼성이다. 파업 빈발과 가동률 저하에 프랑스의 르노 본사가 이 회사의 유일한 생산거점인 부산 공장에 대한 신차 배분 중단을 예고한 것이다. 르노삼성 노조는 임금투쟁뿐 아니라 인사권(노조의 허가 없이 배치 전환할 수 없다)도 요구하고 있다.

참으로 한국적인 광경이지만, 글로벌 기업이 이런 터무니없는 요구에 언제까지나 상대해 줄 리 만무하다. 2019년 들어 닛산 자동차가 르노삼성에 위탁생산하고 있는 차종의 할당을 줄인다는 통보를 받고 비로소 정신을 차렸을 것이다. 결국 파업 참여율이 떨어진 2019년 6월에는 정상화되었다. 한국 GM과 같은 사태가 벌어지면 조합원도 곤란을 겪게 되기 때문이다.

적어도 일반 한국 국민은 이런 노조의 잠식 행태를 냉소적으로 받아들이고 있다.

한국경제신문이 한국자동차산업 협회와 한국 자동차 5사의 매출액 대비 인건비 비율을 조사한 결과에 따르면, 2017년 기준 평균 12.3%에 이르러 토요타(5.9%)나 폭스바겐(9.9%)보다 높았다. 임금 수준 자체가 높다. 한국 자동차 제조회사 연간 평균임금은 9,072만 원(약 835만 엔)이지만, 이것도 토요타(약 773만 엔)나 폭스바겐(약 760만 엔)을 크게 웃돈다.

그런데 생산성은 오히려 한국 업체가 낮다. 5사가 자동차 한 대를 생산하는 데 걸리는 시간은 2015년 기준으로 26.8시간인 데 대하여 토요타 24.1시간, 미국 GM이 23.4시간인 것을 보면, 불리하다. 요컨대, 고비용·저생산의 악순환이며, 품질에서 상회하지 않는 한, 굳이 한국에서 생산할 의미가 없다.

그런데도 노조는 더욱 제멋대로인 요구를 하고 있는 것이다. 백안시 받아 마땅하다. 특히 노동 문제를 안고 있는 곳이 민주 노총계 기업이다. 노사 문제를 개선하려면 민주노총과의 관계를 끊는 수밖에 없을 것이다.

일본인들이 이해하기 어려운 한국의 노조 문제

합리성을 감안하지 않고 오로지 권리 확장을 요구하는 한국의 노동조합은 왜 존재하는 것일까.

물론, 노동 문제가 있으면 해결해야 하고, 과중 노동, 인권 침해는 배제되어야 한다. 그러나 노조 때문에 기업 그 자체의 존립이 위태로워지면 본말이 전도되는 것이다. 기업이 이익을 올리기 때문에 보수도 얻을 수 있으며, 노사는 상생 가능한 운명 공동체로서, 성장을 최대화하기 위해 어떻게 균형을 잡느냐가 노사협상의 주제이다.

지금의 일본이라면 대다수가 찬성하는 이런 생각은 경제성장과 함께 좌파가 지지를 잃고 있는 가운데 최종적으로는 1980년대의 국철 민영화에서 대부분의 국민이 노동자 편에 서지 않고 그들을 버림으로써 확정되었다.

이미 1인당 GDP가 3만 달러가 되어 선진국이 된 한국에서 왜 이토록 노조가 힘을 가지고 있는 것일까. 그 최대 이유는 보수와 진보의 교체가 계속되어 왔기 때문이다.

진보가 정권을 잡으면 보수 세력을 공격하고, 다시 보수가 정권을 되찾으면 노조를 비롯한 진보의 지지 모체를 공격한다. 이는 논의의 내용이 기업의 경쟁력에 비추어, 혹은 합리적으로 생각해, 어떨까 하는 것 이전의 문제다. 매우 당파적이며, 성장성, 부가가치 생산이라는 중요한 테마를 무시, 도외시한 전근대적인 대립이 지금도 꼬리를 물고 있다.

과거 이명박 전 대통령이 이런 말을 했었다.
"서울 지하철에서는 파업이 빈발하고 있었지만, 그 대책으로서 비조합원 관리직들에게 운전을 하게 했더니 처음에는 당황했지만 의외로 용이하게 기술을 익힐 수 있었고, 그 후의 파업은 힘이 상당히 약해졌다."

나도 이명박 대통령으로부터 이 이야기를 직접 들은 적이 있다.

그 전의 파업은 서울시가 며칠 만에 손을 들고 노조에게 양보했다지만, 그때는 노조의 파업에도 불구하고 한 달 가까이 지하철 운행이 계속되면서 노조 쪽에서 포기했다고 한다. 관리직들도 자신들이 운전함으로써 파업을 막을 수 있었다며 '운전하는 편이 노조와 교섭하는 것보다 훨씬 좋다' 며 기꺼이 운전 연습을 했다고 한다.

경영자 출신 이명박은 파업대책을 잘 알고 있었다. 이명박 정부 때부터 박근혜 정부까지 노조가 무리한 난제를 제기해도 타협하지 않았고 계속 방치했다.

그런데 최순실 사건은 노조 측에 천재일우의 역전 기회를 주었다. 그리하여 날조이든 아니든 상관없이 총공격이 시작된 것이다. 이렇게 생각지도 못한 형태로 혁명은 달성되었다. 그러자 보수정권 9년간 쌓인 노조의 한은 방출되었고, 각종 노동 문제가 정부의 주선으로 해결됐다. 그 결과, 민주노총을 비롯한 강성 노조는 법령도 무시한 채 무리한 난제들을 주장하게 되었다.

인근이나 복리후생 같은 '순수' 한 유동만이 아니다. 마음에 안 들면 사장실이든 관공서이든 경찰서이든 띠를 두르고 침입해, 끝내는 국회 구내에까지 들어가 점거하고 폭언뿐만 아니라 폭력까지 자행하고 있다.

명백한 위법행위인데도 경찰은 좀처럼 움직이지 않는다. '촛불시위'의 주역 중 하나인 민주노총은 '배분'을 요구할 권리가 있다고 생각하고 있는지, 관헌(官憲)이라도 자칫 잘못 건드리면 자신들의 입장이 위험해질 수도 있다. 사실상 치외법권이다.

문재인에게도 골칫거리인 민주노총

민주노총은 점점 더 기세가 세졌다. 최저임금을 너무 빨리 올린 것을 후회하는 문재인 정권이 속도를 늦추는 자세를 보이면 이를 강하게 비판하면서 최저임금 위원회를 보이콧하기 시작했다. '소득주도 성장'이 여의치 않자, 문 정권이 주창하던 '혁신성장'(이노베이션에 의한 성장)을 내세우며 잔뜩 골려주던 재계를 정권이 갑자기 편들자 '정부가 다시 재벌과 결탁하느냐'고 비판도 한다.

그들은 촛불시위를 달군 공로자 의식으로 청구서를 내밀며 지불할 것을 요구하고 있는 것처럼 보인다.

이런 민주노총을 바라보는 일반 국민의 시선은 극히 냉랭하다. 백만 조직을 안고 있는 그들도 중요하지만, 중도층 이탈이 지지율 저하에 직결될 수 있는 문재인 정권으로선 민주노총을 주체하기 어려운 듯 보인다.

2019년 6월에는 전년부터 세 차례에 걸쳐 국회에 불법 침입하고 경찰관을 부상시키는 등의 혐의로 민주노총 간부가 줄줄이 구속되고 마침내 김명환(金明煥) 위원장도 구속됐다. 간신히 '무법국가'가 아님을 보여준 문 정권이지만, 당연히 민주노총은 '탄압'이라며 강하게 반발하였고 결국 석방되었다.

문재인 정권의 특기인 '눈치작전'이 유효하게 기능하고 있다고 볼 수도 있다. 일반 한국인에게는 혁명가인 척하며 과격한 노조의 속셈이 결국은 "나만 좋으면 된다"는 것으로 밖에 비치지 않는다. 게다가 "경영에 참가시켜라" 등의 주장은 어불성설이다. 이것이야말로 기업이 잠식당해 버릴 수 있다. 정부도 노조의 경영참여를 재벌 개혁의 핵심 중 하나로 삼고 있으나 이런 노조를 어떻게 할 셈인가.

대기업 노조가 제멋대로 행동하는 것을 보고, 업무 때문에 괴로워하고 있는 중장년, 중소기업이나 개인이 리스크를 지면서 빠듯한 경영을 계속하고 있는 사람들, 취직은커녕 아르바이트도 구하기 어려운 젊은 사람들의 지지를 받을 수 있을 리가 없다.

얼마 전의 이야기지만, 2018년 7월, 조선일보에 흥미로운 기사를 발견했다.

민주노총 출신인 정치가 문성현(文成賢) 경제사회노동위원회 위원장이 국회에서의 질의응답에서 "30년 동안 나 나름대로 정의라고 믿으며 노동운동을 해왔지만, 지금에 와서 생각해 보면 정의롭지 않은 경우도 있었다. 그런 면에서 민주노총에게도 책임이 있다.” “민주노총은 기존의 관행과 결별하고 새로운 미래를 향해 나아가야 한다”고 말하면서 민주노총이 다양한 대화의 채널을 닫은 것을 비판했다.

나는 한국이 가까운 장래에 노조 문제를 정리할 시기가 오지 않을까 생각하고 있다.

한국에서 노조가 강한 이유의 하나로서 국토가 좁고 공장이 같은 지역에 집약되어 있기 때문에 조직하기 쉽다는 면을 들 수 있다. 현대자동차의 울산, 르노삼성의 부산 등은 그 전형이다. 같은 지역에서 일제히 파업하면 지역경제가 무너질 수도 있고, 강성 노조의 발언력은 강해지기 때문이다.

그러나 한국 GM에 대하여 군산의 예에서도 보듯이, 경영 측도 이미 한국 국내 특유의 사정에 맞출 만한 여유는 없고, 철수하게 되면 지역이 붕괴되는 것도 목격했다. 노조가 머리 꼭대기에 앉게 놔두면 결국 보통 사람들도 손해를 보게 된다.

노조의 발언력이 점차 줄어들어 가는 가운데, 성장과 노동 문제를 잘 양립시켜, 무지몽매하고 폭력적인 정치개입을 막고 합리적이고 이성적인 논의를 할 수 있는 시대가 오기를 기대한다.

재계를 적대시하는 정권, 면종복배의 경영자들

2008년 이후 리먼 쇼크와 세계경제 위기에서 재빨리 회복하여 명실상부한 선진국 대열에 오른 한국을 주도한 곳은 재벌계 기업이다. 그러나 전부가 다 좋은 것은 아니다. 1998년 IMF 위기로 시작된 소수 대기업 살리기와 살아남은 재벌의 거대화는 국제경쟁력의 이름으로 하청기업을 못살게 굴거나 조기 정리해고를 당연시하는 상황을 낳는다. 그러다 보니 일반 한국인들의 평은 좋지 않다. '촛불시위'에서도 진보계열은 재벌을 상하게 비난했다.

문재인 정권은 '공정경제'를 경제정책의 하나로 삼았다. '공정'의 기준이 무엇인지는 정권의 판단 여부에 따라서 달라질 것이기 때문에 재계는 공포에 휩싸였다.

박근혜 전 대통령 관련 사건에서 한국 최대재벌 삼성전자의 사실상 총수인 이재용(李在鎔) 부회장이 구속 기소되고, 1심에서 실형을 선고받았지만, 2심에서는 일부 감형되고 집행유예가 되어 현재는 경영에 복귀해 있다. 향후 상고심을 앞두고 있을 뿐만 아니라, 의약품 제조 자회사 삼성바이오로직스의 회계 분식을 둘러싸고 삼성전자 임원이 체포되어 앞으로의 활동도 예단하기 어렵다.

또 재벌 5위의 한국롯데 신동빈(辛東彬) 회장도 같은 뇌물죄 등
으로 불구속 기소됐지만 1심에서 실형을 선고받고 법정 구속됐
다. 그 후 항소심에서 그 역시 집행유예 판결을 받아 일단 석방되
었다.

이런 움직임은 '본때 보이기' 로서는 효과가 충분하다. 무서운
점은 항소심에서 집행유예를 붙여 일단 자유의 몸이 되게 했다는
것이다. 재판은 공정하게 진행되고 있을 것으로 믿고 싶지만, 앞
장에서 본 대로, 문재인 정부나 그 지지 세력이 법원이나 검찰을
지배하고 있다는 것을 생각하면 자의적으로 '출입' 시키고 있는
것은 아닌가 하는 의심은 계속 따라다닌다.

아무튼 세계적인 대기업이자 한국 경제를 이끄는 삼성의 수장
조차 다시 죄수 옷을 입힐지도 모르는 상황에 있으므로 다른 경영
자들에게는 강렬한 압력이 되었을 것이다. 정권을 거스를 수는 없
는 노릇이고 조용히 버텨낼 수밖에 없다. 그러나 이래 가지고는
점점 위축될 수밖에 없다.

경영자는 청와대가 불러내면 가고, 사회주의 국가의 지도자처
럼 문재인이 '혁신성장' 을 현장에서 지도하고 있는 모습을 매스
컴에 찍고 싶어 하면 기꺼이 그 자리를 빌려준다. 그러나 속은 복
잡할 것이다.

그런데 이런 '재벌 때리기'와 재벌에 대한 '지도'는 노조의 문제와는 달리, 일반 한국 국민들이 듣기 좋아하는 얘기이다.

거대한 재벌 가문들 중에는 우연히 부유한 집안에서 태어났다는 것만으로 노력하지 않고 혜택을 받으며 마음 내키는 대로 으스대는 자녀도 곳곳에서 발견된다. 대한항공을 가진 한진그룹에서는 이른바 땅콩회항 사건뿐만 아니라 일족의 갑질, 폭행, 세관을 통하지 않는 부정 수입 등의 의혹이 차례차례 고발되어 조양호 회장(당시)은 실의에 빠진 채 병사했다.

아시아나항공을 보유하고 있던 금호아시아나 그룹도 감사법인의 감사에서 '적정' 의견이 거부되어 시장의 신뢰를 잃었고, 박삼구(朴三求) 당시 회장은 퇴진했다. 사실상 재벌해체된 것이다. 이전부터 박 전 회장의 갑질 고발이 있었다.

대한항공, 아시아나항공 모두 유니폼 차림의 종업원들이 서울 도심에서 시위를 벌여 크게 보도됐다. 그런데 국민의 시선은 곱지 않다. 재벌기업이 생산에 직결되지 않는 일에 자원을 할애해서는 그만큼 국제경쟁을 헤쳐 나가는데 있어 불리할 뿐이다.

석유 문제도 앞으로 한국의 부담으로 다가올 것이다. 미국과 이란의 긴장은 예단을 불허하는 가운데, 다시 미국의 대 이란 제재가 발동되어 수입에 있어서 예외를 인정하지 않게 되었고, 석유

조달 단가가 상승하고 있기 때문이다. 일본 이상으로 이러한 것이
염려되는 나라가 한국이다.

　한국의 수출 품목에는 반도체나 자동차와 함께 '석유 제품'도
있다. 한국에는 4대 재벌 중 하나인 SK 그룹의 핵심사업 회사인
SK 이노베이션을 비롯한 석유정제 기업이 있으며, 수입한 원유
등을 정제하여 재수출하고 있다. 그리고 일본의 원유 수입원은 사
우디아라비아와 UAE(아랍에미리트)가 가장 많은 것에 비해, 한국
은 이란의 비율이 높아(2017년에는 약 13%) 제재의 영향을 헤아리
기조차 어렵다. 국내 석유 가격이 오를 뿐만 아니라 수출에도 영
향을 미치기 때문이다.

경제는 '신념'만으로는 절대 안 된다.

　정치를 이념으로밖에 못하고 상황을 잘 인식하지 못하는 문재인
정권에 대해서 언론과 금융기관, 싱크탱크, 국제통화기금(IMF) 등
이 아무리 경제정책의 위태로움을 논리를 가지고 경고해도 그들의
귀에는 들리지 않을 것이다. 그러나 국민의 반응에는 민감하기 때
문에 경제문제가 지지율에 영향을 미치고 있다는 것 자체는 이해
하고 있을 것이다.

　다만 무위무책(無爲無策)하고 무오류(無誤謬)에 집착한 나머지 문

제의 본질을 파악하는 데는 서투르다. 그렇기 때문에 오히려 세계
적인 경기침체의 위기가 온 것을 잘 발뺌할 수 있는 호기라고만
생각하고 있을지도 모른다.

하지만 앞으로 한국인의 삶은 갈수록 팍팍해질 것이다. 그리고
스스로의 호주머니 사정에 영향을 받게 되면 문재인 정권의 '훌
륭한 이념'보다는 '현실의 삶'을 우선 생각하게 될 것이다. 이는
지극히 당연한 모습이다. 한국의 20대 남자들은 문재인 기피 현
상이 있다. 취업난이라는 현실이 반영된 것이다.

향후 지지율의 가일층의 저하는 피할 수 없을 것이다. 그런데도
경제정책을 근본적으로 개선하지 못하고, 하려고 해도 그런 능력
이 없는 문재인 정권에 국민이 '절교 선언'을 하는 날이 속히 오
기를 바랄 뿐이다.

그 도화선 혹은 폭탄이 될 수도 있는 것이 부동산 가격의 동향
이다. 한국경제는 가계부채 비율이 높고, 더구나 한국은행에 따르
면, 세계 금융위기 이후 부채 증가속도(2009~2016년)가 OECD 가
맹국 평균의 8배 가까이라고 한다. 그 배경에 있는 것이 부동산
투자와 가격상승이다.

문재인 정권이 지금까지의 부동산 붐에 책임을 져야 하는 것은
아니겠지만, 부동산 가격이 치솟아 집을 구하기 어렵다는 국민의

불만에는 답해야만 한다. 그래서 신도시(뉴타운)를 건설해 주택공급을 늘리는 것과 동시에, 보유하는 부동산의 건수에 따라서 대출이나 세율로 규제를 하고, 공시가격도 올려, 보유세도 높임으로, 부동산 가격급등을 억제하려 하고 있다.

실제로 부동산 가격상승에 제동이 걸렸고, 최근에는 서울에서 가장 인기가 높은 강남지역조차 가격이 내리고 있다고 한다. 다만, 원래 가격이 너무 비싸기 때문에 계속 투기를 옥죌 가능성이 높다.

경제학을 조금이라도 배운 사람이라면 언뜻 부유층의 머니게임을 규제하고 있는 것처럼 보이는 이런 개입이 실은 중저 소득층의 '역자산 효과'(자산 가격 하락에 의한 소비지출 저하)를 초래한다는 것을 알고 있을 것이다.

한국의 중산층 자산의 대부분은 부동산이다. 그 자체에 구조적 문제가 있는 것이겠지만, 급속하며 과도한 긴축으로 '거품 붕괴'와 같은 상황이 초래되면 급격한 신용수축을 일으킬 수도 있다. 어차피 데이터나 이론을 중시하지 않고 이념적인 '옳음'만으로 정책을 밀어붙이는 문재인 정권이다. 그렇게 될 위험부담은 상당히 높다.

재벌 재계는 스스로를 다스릴 때가 됐다.

문재인 정권의 경제 무책(無策)에 대해 이야기하면 끝이 없겠지만, 어쩌다 이토록 경제에 무지한 사람들이 정권을 잡게 했는지 한국 유권자들은 반성할 필요가 있을 것이다. 최근에 와서는 어느 정도의 지식과 교양을 갖추고 경제 정세에도 신경을 쓰고 있는 사람들 중 "2017년 대통령 선거에서는 문재인에게 투표했다"고 당당하게 말할 수 있는 사람은 없을 것이다.

앞서도 말했지만, 재벌·재계에도 큰 문제는 있다. 미움을 받아 일반 국민의 신뢰를 잃는 틈이 있었기 때문에 순식간에 노조에 빠져들었으니 이번의 경제 실패를 기초로 합리성 추구와 가치생산 향상을 위해 스스로를 규율해야 할 때가 온 것이 아닐까.

첫째, 내가 주한대사로 한국에 있었던 시절의 인상 깊은 에피소드를 소개하고 싶다.

일본 대사관저에 재계 수장을 초청해 교류를 심화하려는 모임의 날이었다. 거대 재벌그룹의 사장, 부사장, 이사(임원)라는 직함을 가진 사람들이 예정 시간보다 30분 정도 일찍이 잇달아 도착한다. 무슨 일일까 했더니, 이윽고 휴대전화가 울리자 그들은 튕겨 나가는 듯 현관을 뛰쳐나갔다. 일렬로 정렬한 후 머리를 깊이 숙이고 그룹 오너를 맞이했다. 원래 이런 일은 비서의 역할이다. 그 것을 회사의 고위 간부가 하고 있다. 한국 드라마에 나올 만한 재 벌 집 묘사가 꼭 틀린 것도 아니라는 점에 놀랐다.

이제 와서 생각해 보면, 이것은 실로 전근대적인 '임금님' 과 '가신' 의 관계 그 자체다. 자본을 가진 자는 왕족처럼 행동하고, 능력으로 승진한 자들은 결코 넘을 수 없는 하나의 선이 있다. 마 치 신분제도 같다.

일찍부터 대기해 있다가 허리 굽혀 오너를 맞이한 것은 이른바 전문 경영자들이었다. 그들은 능력과 경험으로 그 지위를 획득하 고 살아남은 훌륭한 경력자들이지만, 그 '성공' 의 징표가 '마중 을 나와' 로 상징되는 것일까?
나라가 다르면 문화도 다르다고는 하지만, 너무나도 비생산적 이다. 그 시간 훌륭한 프로의 실력을 낭비하고 있으니까 말이다.

일반 국민에 대해서, 재벌이나 거기에서 일하는 사람은 선망의 대상인 동시에, 혈연만으로 거드름을 피우는 경영자들에게는 좋 은 감정을 가지고 있지 않다. 그리고 노력으로 성공한 전문 경영 자들의 심정이 되면 문제는 더 심각하다. 오너라는 이유로 아무리 실력이 딸리더라도, 전문성이 없더라도, 상대해야만 하기 때문이 다. 그럴 때 내가 이런 일을 하기 위해 죽을힘을 다해 노력해 왔나 싶어 허무하게 느껴지는 순간이 있을 것이다.

경영에는 전혀 전문이 아니지만, 일본인인 내가 말하기 송구할 정도로 전혀 문외한이지만, 제안하고 싶은 게 있다.

한국에서도 전문 경영인들이 자라나고 있는 것은 틀림이 없다. 오너가 경영에 능숙하지 않거나 혹은 적합하지 않다고 생각되면, 어디까지나 그들에게 맡겨 두어야 하고, 또 무슨 일이 있어도 재능 없는 친족들을 요직에 앉히지 말아야 한다.

어려운 것은, 모든 오너 경영자가 부정되어서는 안 된다는 점이다. 본래 오너 경영자는 자신의 자본을 위험에 처하게 하여 도전하는 존재이기 때문에 당연히 열심히 머리를 쓰고 일한다. 전망을 읽을 수 없는 비즈니스에 있어서 대담한 판단을 하는 것도 잘 하는 것이다. 그러나 그것은 어디까지나 실적에 따라서 판단되어야 한다.

오너 가족에게 머리를 숙이는 임원들은 중간 관리직을 하인처럼 취급하고, 중간 관리직은 일반 사원을 막 부리게 된다. 하청이나 약한 입장의 사람에게는 불공정한 거래를 요구해 사적인 지불을 대신 떠맡기기도 한다. 그런 기업이 성숙해 가는 나라에서 지지를 받을 수 있을까. 적어도 현재 재벌이 받고 있는 비판의 일부는 재벌 자신이 자성하여 완화할 수밖에 없다.

재벌 개혁은, 문재인 정부가 밀어붙이고 있는 '경영에 노조를 참가시킬 것'이 아니라, 경영을 근대화시켜 전문경영자가 경영하도록 하는 것이다. 현재 재벌들의 중요한 의사결정은 재벌의 영수(領首)가 아니면 할 수가 없다. 총수가 체포되어 수감되면 경영에 직격탄을 맞게 되는 것은 이 때문이다.

지금까지는 톱 다운으로 성장할 수 있었지만, 향후는 성숙한 세계 경제 속에서 이노베이션을 낳는 것이 중요하므로, 전문성의 영역이 넓어지는 것은 필연이다. 오너 스스로가 방식을 바꿔야 할 것이다.

이런 것들을 잘 관리해 전환할 수 있다면 새로운 성장기회가 오겠지만, 개선되지 않는 한 노조의 개입을 억제할 수 없고, 중소기업은 자라지 못하고 인재는 해외로 빠져나갈 것이다.

제 5 장

한일관계를 붕괴시킨
무책(無策)

"한일관계, 최악은 아니다!"

2019년 6월, 흥미로운 뉴스를 봤다. 오사카 G20에서 한일 정상 회담 개최 여부가 의심스러운 가운데, 특히 '한일관계가 최악'이 라는 전제하에 질문을 받은 청와대 고위 관계자가 기자들에게 도 리어 반문했다는 것이다.

연합뉴스(6월 7일)에 의하면, 이 관계자는 기자에게 "어떤 근거 로 한일관계를 최악으로 보느냐"고 반문했고, "우리가 일본의 요 구를 다 받아들이지 않아서 한일관계가 악화되었고 한국이 일본 과의 관계를 방치하고 있다는 논리와 한국이 원칙을 포기하지 않 으면 안 된다는 주장은 받아들일 수 없다"고 강조했다고 한다.

실로 '자신의 정의'만을 신봉하는 문재인 정부다운 기가 막힌 사고방식이다.

문재인 정권 이후 한일관계는 아무리 아마추어 집단 청와대가 부정한다 해도 "역대 가장 나쁘다"고 나는 단언한다. 반대로 어 떤 근거로 "최악이 아니다"라고 하는지 이야기를 들어 보고 싶 다. 나의 분석으로는 한국에서도 "한일관계를 최악으로 이끈 것 은 문 정권이다"라는 비판이 확대되고 있기 때문에, 발끈하여 "최악이 아니다”라고 우기고 있을 뿐이다. 비판에 대해서는 어떤 논리를 구사해서라도 반박하는 것이 문 정권의 특징이다.

북한 생각만 하는 문재인에게 대일정책과 한일관계의 비전은 한마디로 말해 ‘공동(空洞)’이며, 따라서 ‘소극적’일 수밖에 없는 것이다. ‘징용공 문제’가 그 전형적인 예다. 요컨대, 아무 생각도 없고, 기초지식도 없고, 가치 판단도 못하여 진흙탕 게임처럼 닥치는 대로 한 건 해치우기식인 것이다.

게다가 비판을 받으면 적반하장식 언행을 하니 감당하기 어렵다. 기자에게 반문한 것처럼 “촛불시위를 발판으로 탄생한 이 진보정권은 항상 옳고 이를 거스르는 자는 그 누구든 다 옳지 않다”고 믿고 있는 것이다.
그렇기 때문에 “일본은 무슨 말을 하든 옳지 않고, 한국은 바르게 잘 대처하고 있다”는 식의 패턴을 유지할 수 있는 것이다. 자신들의 모양새를 꾸미기 위해서라면 거짓말도 마다하지 않으면서 일본에게는 항상 “노력해야 한다, 양보해야 한다”고만 되풀이한다.

이렇듯 한국은 일본에게 골치 아픈 존재이긴 하지만, 한국이 이웃 나라라는 사실은 바꿀 수 없다. 또한, 문재인 정권과 진보 정부가 영원할 것은 아닐 테고, 그럴 것이라고 생각하고 싶지도 않

다. 외교와 경제도 파탄났는데 북한만 바라보며 자신들의 이념에
도취해 있는 정권을 한국인이 그리 오랫동안 수수방관할 것이라
고는 생각하지 않는다.

물론 일본은 문재인 정권에게 양보할 필요가 전혀 없고 의연
하게 대응할 뿐이다. 일본과의 관계가 파탄이 나도 그리 특별히
신경 쓰지 않을 문 정권이 한국 자체라고 믿고 싶지도 않다. 문
재인의 한국이 반드시 한국 국민의 전부를 상징하는 것이 아니
기 때문이다. 단, 문재인 때리기가 한국 국민의 반일감정을 악화
시키게 되면 문재인을 이롭게 하는 결과가 될 수 있으므로 주의
해야 한다.

그리고, 본서의 서두에서 말한 대로, 파탄상태가 될 수밖에 없
는 현재의 한일관계는 결국 문재인 정권 자체의 '쇼 케이스'이며
곧 닥칠 한국의 미래를 암시하고 있다. 즉, 한일관계가 삐걱거리
고 있는 것처럼 외교 안보와 경제도 더욱 어려워질 것이다.

이 장에서는 문재인 정권의 한일관계를 면밀하게 분석하면서
일본은 이 골치 아픈 정부를 어떻게 대처하면 좋을지, 어떤 일을
하면 안 되는지를 가능한 한 중장기적 관점에서 언급해 보겠다.

문희상 의장이 지일파로 불리는 허술함

2019년 2월 문희상 한국 국회의장이 미국 블룸버그와의 인터뷰에서 이른바 '천황(天皇) 사과 발언'을 해서 일본인들의 공분을 샀다. 다시 한 번 그 내용을 확인해 보면 − ('위안부'에 대하여) "한마디만 하면 된다. 일본을 대표하는 총리 혹은 곧 퇴위하는 천황이 사과하는 것이 바람직하다고 생각한다. 그 분은 전쟁 범죄 주범의 아들이니 그런 분이 할머니 손을 한 번 잡고 정말 미안했다고 한 마디만 하면 (위안부 문제는) 깨끗이 해결될 일"(블룸버그 2019년 2월 8일 자)이었다.

이 발언에 대해 일본인들이 화를 내는 것은 지당하지만, 한국 언론의 보도나 국민들의 반응은 대체적으로 문희상의 발언을 지지하는 논조였다. 물론, 일본을 비판하고 있는 정치가를 비판한다는 것은 어려운 일이겠지만, 이런 발언을 용인하는 분위기가 있다는 것도 사실이다. 그런데 이런 말을 오랜 세월 한일관계에 종사해온 사람이 했다는 것이 놀랍다.

이제 나는 이 사건을 통해 짐작할 수 있는 3가지 포인트를 짚어 보고자 한다.

우선, 문희상 씨의 발언 내용인데, 한일의원연맹의 회장이었던 그가 현대 일본의 정치체제에 관해 극히 기초적인 지식조차 갖고 있지 못함을 알 수 있다. 말할 필요도 없이 일본 헌법은 천황을 '국민통합의 상징'이며, 정치적 기능은 없어서 정치적 발언을 삼가고 있다. 천황이 혹 외교 관계 속에서 어떠한 의사를 나타낼 기회가 있다면, 그것은 당연히 내각의 의향에 따라서 하는 것이기 때문에, '총리 혹은 천황'이라는 발언은 상호 대체효과가 있는 정치적 존재인 양 오해하고 있다고밖에 볼 수 없다.

동시에 '전쟁 범죄의 주범의 아들'이라는 인식은 쇼와 천황이 '전쟁 범죄자'라는 전제인 것 같으나, 이는 사실이 아니다. 그러니 일본 국민이 분노한 것이다.

한국은 2012년 이명박 전 대통령의 이른바 '천황 사죄 요구'로 감정적 마찰을 일으킨 전례가 있었으므로, 주의 부족이라는 말로 넘어갈 수 있는 사항이 아니다.

그리고 이 발언은 2015년의 '한일 위안부 합의'에서 '최종적이며 불가역적 해결인 것을 확인한다.'던 내용을 무시하고 있다. 아무리 (진보정권에 지배된) 사법부가 '위안부 합의'를 헌법 위반이고 무효라고 해도 국가 간의 합의였고 국제사회를 향해서 발표한 내용인데, 이를 일방적으로 뒤집는 행동은 정당화될 수 없다. 게다가 학습부족 국회의원 차원의 언변이었다면 선거를 노린

스탠딩 플레이 정도로 간주할 수도 있겠지만, 베테랑 중의 베테랑 의원이며 입법부의 장이라 하는 이가 말해서는 안 될 내용인 것이다. 게다가 무엇을 근거로 문제가 "완전히 해결될 것이라"고 할 수 있는 것일까.

  마지막으로, 발언의 주인인 문희상 의장이 문재인 정권의 '지일파'로 간주되고 있다는 점에 대한 아쉬움이 있다. 물론 노무현 정권 당시 한일의원연맹 의장을 했고, 문재인 정권 출범 후 대통령 특사로 일본에 갔지만, 뒤집어 보면 그만큼의 실적밖에 없는 사람이 지일파라 불릴 정도로 진보정권은 인재부족인 것이다.

  이 발언의 발단을 호의적으로 해석하면 "입을 잘못 놀렸다"일 것이다. 그런데 일본 정부가 사죄 및 철회를 요구하면 "적반하장 이다"라 하는 등, 늘 그래 왔듯이, '본인들이 도리어 역정을 내는 형국'이 되었다. 거기에 덧붙여 일단은 '전쟁 범죄의 주범' 등의 발언을 부인하고 미디어 측에 책임을 떠넘겼지만, 블룸버그 측이 취재음성을 내놓자 더 이상 잡아뗄 수 없게 되었다.

  이런 시점에 일본에게 사과하면 이번에는 한국 여론의 뭇매를 맞게 된다. 그래서 '내려다보는' 태도로 일관하는 것이다. 아무리 쫓기는 상황에서도 '나쁜 짓을 한 일본이 양보해야 한다'라는 원칙만 고수하면 안전지대에 몸을 맡길 수 있고 그 어떤 행위도 정당화할 수 있기 때문이다.

여담이지만, 새 천황 즉위를 즈음해 문재인 대통령이 축전을 보냈고, 이 정권의 특징을 잘 드러내는 뉴스가 전해졌다.

청와대는 축전을 보낼 의사 자체가 희박했다고 한다.

중앙일보에 따르면 '외교부의 (축전 보내기에 대한) 건의를 받은 청와대는 좀처럼 결정을 못하고 있었다. 위안부 합의 불이행과 징용 배상 판결 등의 과거 문제로 최악의 상황을 맞고 있는 한일관계를 여실히 보여주는 장면이다. 이때 더불어민주당 중진인 김진표 의원이 움직였다. 노영민 비서실장, 정의용 안보실장, 강기정 정무수석비서관을 설득해서 대통령의 결심을 이끌어 냈다'(일본어판 2019년 5월 6일 자)고 한다.

그런데 그 내용은 얼핏 보면 미래지향적 분위기를 자아내는 것 같아 보이지만 실은 한국 사람들의 '내려다보는 눈높이'를 느낄 수 있었다. 의례적인 문장만 보내면 될 것을 일부러 "나루히토(德仁) 천황이 한일관계의 우호적 발전을 위해 큰 관심과 애정을 가질 수 있기를 바란다." "퇴임한 아키히토 천황과 마찬가지로 전쟁의 아픔을 기억하면서 평화를 위한 탄탄한 발걸음을 이어나가게 될 것을 기대하고 있다"(시사통신, 5월 1일 자)고 덧붙이고 있는 것이다.

이처럼 일본에게 이것저것 지시하는 듯한 문장은 외교적으로 매우 무례한 행동이다. 문 정권은 그런 것도 모르는 아마추어 정권인 것이다.

이는 보는 관점에 따라 천황에게 정치개입을 종용하고 있는 것처럼 해석될 수도 있다. 그럼에도 일부 한국 언론과 국민은 정권이 천황의 즉위에 축전을 보낸 것 그 자체와 '천황'이라는 용어를 사용한 것을 비판했다.

한국에서는 미디어를 중심으로 천황(天皇)에 대해 '일왕(日王)'이라는 호칭을 사용하고 있다. 그러나 최초의 진보였던 김대중 정권은 정부로서는 '고유명사'로 '천황'을 사용하고 있었던 것으로 문재인의 축전도 그 예를 따랐을 뿐이다 (단, 문희상 씨의 인터뷰에서는 '일왕'이었다).

이야기를 돌려보겠다. 문희상 씨는 결국 2019년 6월에 사망한 이희호 여사의 조문 차 방한한 하토야마유키오(鳩山由紀夫) 전 총리와 오찬을 함께 하면서 "(자신의 발언으로 인해) 마음이 상했던 분들에게 죄송한 마음을 전한다"(연합뉴스 일본어 판, 동 6월 13일)고 말했다. 공식사과는 할 수 없지만 일본 정부의 강경함과 일본 여론의 비판적 분위기를 보고 일단은 사과의 뜻을 전하고 싶었던 것이리라. 그러나 이것은 겨우 잠든 아이를 깨운 격일 뿐, 일본 국민을 향한 메시지로는 역효과였다.

무신경하고 서툰 정권

그런데 문재인 정권의 한일관계 최대 사건은 일련의 '징용공' 판결에 따른 이 정권의 대응이다. 이는 1965년 이후의 한일관계의 대원칙인 그 '기초'를 파괴하는 행위이며, 양국 선인들이 긴 세월에 걸쳐 어려운 문제를 극복하며 50년 이상 관리해온 한일관계가 끝이 안 보이는 밑바닥으로 추락함을 의미한다.

이른바 강제 '징용공 문제'는 종종 '종군위안부 문제'와 나란히 언급되는데, 문재인 정권은 이 두 가지 모두 무신경하고 서툰 대응으로 일관하고 있다. 하지만 한일외교사의 흐름을 알고 있다면 양자의 입장과 구조상의 차이는 명백한 것이고 '징용공'에 관한 양국의 약속을 사실상 뒤엎는 쪽이 훨씬 불리하다.

문재인 정권뿐 아니라 대다수의 한국 언론 보도와 한국의 일반 국민의 인식은 이른바 강제징용 문제 및 위안부 문제도, 그리고 독도 문제와 레이더 조사 문제, 한일 통화스와프와 어업협정, 일본산 일부 수산물의 수입금지 문제도 민간비즈니스와 최근의 문화교류에 이르기까지 한일 간의 정치문제로 받아들이는 경향이 있다.

그러나 일본의 인식은 전혀 다르다. 전후 한일관계를 시작하면

서 1945년까지의 일은 일괄 해결된 것이기 때문에, 그것이 토대
가 되어 양국관계는 시작되었다는 인식이다.

레이더 조사나 어업협정 등 그 후의 문제는 기본조약 체결이라
고 하는 '토대' 위에 서 있는 만큼, 본질적으로 그 의미가 다르다.
1945년 이후에 부상한 문제는 이미 합당한 토대가 존재하기 때문
이다.

한일 기본조약을 체결할 때, 한국은 일제시대 자체가 국제법에
비추어 무효라고 하는 생각에 사로잡혔고, 일본은 통치의 역사적
평가는 차치하더라도 '통치 그 자체는 유효한 조약에 의해 행해
졌다'고 주장하여 끝까지 평행선을 걸었다.

이를 극복하기 위해 조성된 것이 한일기본조약 제2조의 "1910
년 8월 22일 이전에 일본제국과 대한제국 사이에서 체결된 모든
조약 및 협정(한일합방조약 등)은 '이미' 무효임이 확인된다"는 조
문이었다.

'이미'라는 문구에는 어느 시점부터 무효였는지를 조문상 애
매모호하게 표현한 채 '양국이 각각의 입장에서 국내용으로 자
신에게 유리하게 설명하되, 이 조약체결 후 양국은 다투지 않기
로 했다'는 의도가 담겨 있다. 이는 조약체결 선인들의 지혜였던
것이다.

'위안부 문제'를 '미해결'로 하는 논리

냉전 시대, 북한보다 국력이 떨어졌던 한국은 신속한 경제발전과 튼튼한 안보체제의 확립을 양립시킬 필요가 있었다. 한국은 일본과 국교를 체결해 자금을 받음으로 투자와 기술협력을 얻을 수 있었고, 일본은 한국과의 관계 개선을 통해 한반도와 동아시아의 안정 및 일본의 안전보장에 큰 이점을 얻을 수 있었다

이와 동시에 체결된 한일청구권 및 경제협력 협정(재산 및 청구권에 관한 문제 해결 그리고 경제협력에 관한 일본과 한국 간의 협정/이하 · 협정)에서는 일본으로부터 합계 5억 달러(무상 3억 달러+유상 2억 달러)를 받았다. 이 밖에도 민간 차원에서 3억 달러의 경제 지원을 받았다. 철강이나 자동차, 토목과 식품 등 수많은 분야의 기술협력을 통해 '한강의 기적'에 기여했다. 이와 별도로 일본은 해마다 정기 각료회의를 통해 엔화 차관과 무상자금 협력을 1990년까지, 기술협력은 2001년까지 했다.

또한 이 과정에서 일본 정부는 한국인 개인에 대한 보상도 검토했지만 당시 박정희 정권은 한국경제의 자금 수요가 컸기 때문에 한일 정부 간의 일괄적 타결을 요구했다.

"양 체약국은 양 체약국 및 그 국민(법인을 포함함)의 재산, 권리 및 이익과 양 체약국 및 그 국민 간의 청구권에 관한 문제가 … (중략) … 완전히 그리고 최종적으로 해결되었다는 것을 확인한다."(제2조 1항), (전략)

"일방의 체약국 및 그 국민의 재산, 권리 및 이익으로서 본 협정의 서명일에 타방 체약국의 관할 하에 있는 것에 대한 조치와 일방 체약국 및 그 국민의 타방 체약국 및 그 국민에 대한 모든 청구권으로서 동일자 이전에 발생한 사유에 기인하는 것에 관하여는 어떠한 주장도 할 수 없는 것으로 한다."(동 3항)는 합의를 맺은 것이다.

이것이 현재까지 이어지는 모든 한일관계의 토대이며 출발점이다.

'위안부 문제'에 관해서도 이 동의안을 글자 그대로 해석한다면 이미 해결된 것임이 분명하다.

그러나 한국은 1965년 이전 협상에서 위안부 문제가 의제가 된 적이 없었기 때문에 '이것은 미해결'이라는 논리를 폈다. 그러나 협정체결 과정에서 한국은 한 번도 이 문제에 관한 협의를 제안하지 않았다. 1965년 당시의 한국에서는 위안부 문제의 인식이 있었으나 한국은 전혀 언급하지 않았다. 그렇다고 해서 일본이 "어떻게 할까요?"라고 물을 입장도 아니었다. 의제로 삼으려면 한국이 요청했어야 했다.

그래 놓고 이제 와서 '미해결'이라니, 이건 '상대방이 낸 것을 보고 가위바위보'를 하는 것과 진배없다.

1965년 당시 위안부들은 한국 사회에서 백안시되고 있었기 때문에 결혼도 못하고 가정을 꾸릴 수도, 아이를 가질 수도 없는 처지에 있었다. 그런데 전후 수십 년이 경과한 후 그녀들도 조금씩 사회적으로 극복하려는 의지가 생겼다. 그런 타이밍에 이 문제가 대대적으로 이슈가 되기 시작했다.

일본은 그들을 다시 불행의 구렁텅이에 빠뜨릴 수 없다고 생각하는 한국의 입장을 이해할 수 있었기 때문에, 해결이 끝난 문제였지만 인도주의적 배려로 "아시아 여성 기금('재단법인 여성을 위한 아시아 평화 국민기금')"을 1995년에 설립하고 지원사업을 하며 위로금을 총리 서명이 들어간 사과문과 함께 전달했다.

한국도 처음에는 이 기금의 사업을 나름대로 평가했으나 한국정신대문제대책협의회(이하 정대협 / 2018년 '일본군 성 노예 문제 해결을 위한 정의 기억 연대'로 개칭)의 반대로 한국 정부는 이 사업에 대한 협력에서 손을 떼고 말았다.
이 정대협이야말로 위안부 문제 해결을 가로막아 온 핵심 조직이다.

자칭 '위안부 지원 단체'인 그들은 이 기금을 통해 위로금을 받은 7명의 위안부를 맹렬히 비난했다. 일본으로부터 지원금을 받아서는 안 된다고 하려면 그 대신 한국 정부로부터 보상금을 받도록 하는 것이 지원 단체의 본래 역할이 아닐까.

그러나 일본 주도로 문제가 해결되면 설 자리가 없어지는 정대협은 지원은 외면한 채 어디까지나 국가 배상을 요구하는 자신들의 주장만을 관철시켰다. 종국에는 일본으로부터 돈을 받은 위안부를 괴롭히기 시작했다. 즉, '위안부 지원 단체'란 이름뿐이었던 것이다.

이런 사정이 있었지만 2015년의 '위안부 합의'에 의해 이 문제는 '최종적이며 불가역적 해결'을 보았다

박근혜 정부(당시)는 이 합의를 바탕으로 일본 정부로부터 받은 10억 엔으로 재단을 설립했다. 그리고 모든 위안부와 절충하며 이 합의에 대한 이해를 구한 결과 70% 이상의 위안부가 이 재단의 위로금을 받았다. 하지만 문재인 정권은 이를 반대하며 "국민 감정상 받아들일 수 없다"며 거부 입장을 고수했다.

그런데 당사자의 70% 이상이 수락했는데 "국민 감정상 받아들일 수 없다"는 말이 어떻게 성립된다는 것일까. 그것은 요컨대 문재인 정권을 지지하는 진보 강경파나 정치운동가가 "받아들일 수 없다"는 것이다.

일본은 위안부 문제로 이제 더 이상 노력할 필요가 전혀 없다. 이미 해야 할 일은 충분히 했으니 말이다.

국제법보다 자국의 '정의'를 우선시

어떻게 해석하든 한일청구권 협정이 있는 이상 징용공에 대해 일본 기업과 일본 정부가 돈을 지불하는 일은 없을 것이다. 재판을 하고 있거나 아니면 앞으로 소송을 하려고 하는 징용공 대부분이 본래는 징용공이 아닌 모집공이었다는 것은 엄연한 역사적 사실이다. 그러나 문 정권의 뜻을 받들어 한국 대법원은 그 사실을 무시한 채 2018년 10월에 일본의 식민지 지배의 부당성을 근거로 위자료를 지급하라고 일본기업에 명령했다.

이 판결은 원고인 '징용공'이 일본기업(이 대법원 판결에서는 당시의 신일본제철주금. 현 일본제철)에게 위자료(손해배상)를 요구하는 행위는 임금이나 보상이 아니기 때문에 한일청구권 협정에 포함되지 않고 일본의 '불법 식민지 지배'에 의한 '강제동원'에 대한 위자료는 인정된다는 판단을 근거로 삼았다.
즉, 한일청구권 협정을 부정하는 것이 아니라 그 협정에서는 정해지지 않았다는 입장을 취함으로써 실질적인 협정의 무효화를 꾀하고 있는 것이다.

이것은 말도 안 되는 억지 주장이다. 본래 문재인이 청와대의 실세인 비서실장을 맡고 있던 노무현 정부 당시조차 "일본에 대한 개인청구권은 소멸됐으며 보상책임은 한국정부에 있다"는 것이 원칙이었다. 실제로 지금까지 한국 정부는 징용공 개인에게 2번 보상금을 지급했다.

문재인은 과거에는 스스로 '징용공' 원고 대리인 중 한 사람으로 이름을 올렸었고, 집권 후에는 지방재판소 소장을 "자신의 생각과 같은 판결을 내리기 때문에"라고 하며 대법원장에 임명하는 등 마음껏 사법부에 심복을 보내 놓고서는 "사법부 판난이니 존중한다"라며 거짓말을 하고 있다. 그러나 그런 말을 하기 전에 자신이 조작한 국내 판결을 외교 관계로까지 밀고 나가는 것이 대통령의 바람직한 모습인지 스스로 자문해 보기 바란다.

이런 것을 문 정권이 '정의'라 믿고 한국 내에서는 강행할 수 있을지 모르지만, 국제적 기준으로 본다면 이것은 무리수이며 대통령이 쉽게 국제법을 위반하면서까지 국제 합의를 깨버리는 정체불명의 나라로 간주될 뿐이다.

내가 문재인 정권을 용서할 수 없는 이유

이 대법원 판결로 확정된 위자료는 1인당 1억 원이다. 한국 정부가 '강제징용'으로 파악한 '피해자'는 약 22만 명(생존자는 2018년 약 3,500명)이라고 한다. 계산해 보면 향후 일본기업은 총액 2조 엔의 위자료를 지불할 가능성이 있다. 자국의 경제발전의 기초를 닦은 조약을 무시하고 국제법을 경시하는 법리를 적용해 "거액의 손해배상을 지불하라"고 요구한다면 그 어떤 일본인도 납득할 리 없다.

문재인 정권은 당초 이러한 일본 측의 반응을 쉽게 보고 있었던 것 같다. 판결이 내려졌을 때의 언급은 "미래 지향의 한일관계를 해치지 않게 잘 운영해 나가야 한다"였다. 과거에 '악행'을 저지른 일본은 반박조차 하면 안 되고, 1965년의 한일기본조약에서 2015년의 '위안부 합의'에 이르기까지 그간의 군사정권과 보수정권이 일본과 쌓아온 관계는 부정되어야 하며, 한국은 달라졌으므로 일본도 당연히 받아들여야만 한다고 안이하게 생각하고 있었던 것 같다. 일본이 이토록 강하게 반발할 줄은 상상할 수 없었을 것이다. 이 일련의 사태 자체가 놀라운 일이지만 말이다.

그리고 이들 문제에서는 일본에 대한 '도덕적 우위성'을 유지한 채 대북문제, 안보, 경제 등 기타 문제는 별개로 상대해도 된다는 것이 문재인이 말하는 '투 트랙'의 정체이다. 물론 이를 일본은 받아들이지 않았다.

과거에는 한국의 경제발전과 굳건한 군사력이 일본의 이익과 직결됐고, 무엇보다도 일본 통치시대를 기억하는 일본인은 진심으로 한국의 발전에 협력하는 자세를 가지고 있었다. 그렇기 때문에 가능한 한 한국에 양보를 해왔다.

그리고 한국은 선진국이 되었고, 일본의 큰 원조에 기대는 시대는 끝났다. 이런 상황은 '일반적인 양자 관계'로 나아가기 위한 호기라고 양국 모두 생각할 수 있다. 2015년의 '위안부 합의'는 난제에 직면한 양국이 신중하게 그러나 격렬한 교섭을 거듭한 끝에 최종적으로 서로 양보하는 형태로 맺어졌다. 양국 간의 새로운 관계에 어울리는 합의였다. 그 후 70% 이상의 위안부들이 이를 받아들였다. 양국의 경제 관계, 문화교류도 다양한 난제를 극복하면서 활발해졌다. 1965년을 기반으로 지속되어 온 한일관계는 새로운 문을 열려던 참이었다.

그런데 문재인은 정대협과 나머지 30%의 위안부들로 인해 2015년의 위안부 합의는 "국민 감정이 용납하지 않는다"며 몰아붙였다. 그리고 아마도 "일본에게는 그 어떤 일을 해도 괜찮다", "일본은 한국의 말을 들어야 한다"는 생각에서 '징용공 문제'에 대해서도 같은 프레임을 적용시켰을 것이다.

취임 초기에는 '미래 지향'을 강조했지만 이 모든 것이 거짓이었던 것이다. 문 정권은 역사 문제로 일본을 몰아붙이는 일은 별개의 문제이며 미래 지향적인 관계에 위배되지 않는다고 생각하는 것 같다. 그러나 이런 논리가 국제적으로 받아들여질 리 없다.

일본은 지금까지 한일관계가 중요하기 때문에 한국의 요구를 가능한 한 수용해 왔다. 그런데 그 결과가 '징용공 판결'이었던 것이다. 이런 이유 때문에 이제는 한국을 난감해 하는 일본인이 많아졌다. 한일관계 구축에 열심히 노력해온 사람들의 절망감도 커져 한국에 협력하려는 마음도 사라져 버린 것이다.

일본의 주요 신문들도 부정적인 사설을 썼다. 그동안 친(親) 한국적 논조를 취해 왔던 아사히신문과 매일신문도 그렇게 바뀌었다. 문 정권은 이 2년간에 거의 모든 일본 국민을 적으로 돌렸고 한국을 부정적으로 보는 일본인이 많아지게 했다.

그래도 여전히 '한일관계는 최악은 아니다'라고 하고 있는 문재인 정권은 얼마나 죄가 많은가? 그러니 한일관계가 좋아지기를 바라며 외교관 생활을 해온 내가 문 정권을 용서하고 있을 수가 없다. 이것이 내가 문재인 정부를 용서할 수 없는 이유이다.

입맛에 맞게 일본 탓으로 돌리는 무책임함

일본 정부는 일련의 '징용공 문제' 판결, 일본 기업의 한국 내 자산압류 등의 실제 피해가 미치기 전에 한국 정부에 대해 한일청구권 협정에 기초한 협의를 호소했지만 마지막까지 공식적인 답변조차 없었다.

일부 보도에서는 외교부와 지일파인 이낙연 총리를 중심으로 한일관계에 정통한 지식인의 조언을 얻으며 타개책을 강구하고 있는 모습이 전해졌다. 이는 이른바 '기금방식'이며 한국 정부와 한국 기업(청구권 협정에서 얻은 자금과 기술협력으로 성장한 기업)에 일본 기업이 참가함으로써 보상을 한다는 것이다. 이를 일본 정부가 그대로 받아들이지는 않을 것이라고 생각했는데 적어도 "한국도 고려는 하고 있구나"라는 생각도 있었고, 좀 더 현실적인 묘안을 내놓지 않을까라는 기대도 조금은 있었다.

그러나 2019년 1월, 이 흐름을 끊은 것이 문재인 자신이었다. 중앙일보 일본어 판(그해 5월 22일 자)에서 여당 관계자는 "당시 총리실은 일본 기업이 배상한다는 것을 전제로 나름의 타협안을 가지고 있었다. 그런데 1월 중순에 문 대통령이 '재판중인 사안'이라고 한 마디 하자, 이낙연 총리도 정의영 국가안보실장도 아무

말도 할 수 없는 상황이 되었다. 따라서 실무자도 손을 떼고 말았다. 그 후 4개월 넘게 올스톱 상황이 계속되고 있다"고 한다.

'재판 중인 사안'이라고 하는 것은, 동 기사에 의하면, 정확히는 "징용문제는 아직 재판(대법원 판결 이후의 후속 재판) 중인 사안이 아닙니까? 끝난 게 아닌데 어떻게 하겠습니까?"라는 뜻이었다고 한다.

요컨대 한일교섭 루트와 '기금안'을 묻어버리고 주변 사람들의 연계를 끊어버린 것은 문재인이었다. 이리하여 일본이 아무리 협조와 중재위원회 개최를 요청해도 청와대도 총리도 외교부도 움직일 수 없게 된 것이다.

놀라운 것은 오사카 G20 정상회의 직전에 이 '기금안'이 갑자기 부상했다는 것이다. 한국 정부의 반응을 기다리고 있던 일본 정부 관계자와 한국 정부 내에서 고생했던 사람들도 "이제 와서 무슨 낯으로 이런 제안을 하겠는가"라고 생각했을 것이다.

이는 문재인 아마추어 정권의 서투른 줄다리기로 보면 될 것이다. 본래 '기금안' 자체는 청구권 협정과 모순되기 때문에 그 내용으로는 일본이 받아들일 수가 없다. 이는 교섭의 시험대조차 되지 않는다는 것이 현실이지만, 이를 수개월이나 방치한 끝에 갑자기 마치 오랜 시간 생각해온 것처럼 일본에게 제안하여 어차피 불가능했던 G20에서의 한일회담이 성사되지 않은 책임을 일본에게 떠넘기는 기술로서 발휘한 것이다.

일본이 중재위원회 개최 회답기한으로 정한 날을 기다렸다가 그다음 날 해당 일본기업이 한국기업과 함께 자금을 출연해 '징용공' 피해자에게 위자료 상당액을 지급한다는 조건으로 한국 정부가 양자협의에 응한다는 '피해자 지원안'을 제시했다.

일본 정부는 설명하러 온 조세영(趙世暎) 외교부 제1차관에게 즉각 거부 의사를 전했다. 그럼에도 불구하고 대외적으로는 '성실하게 제안했다'는 식으로 발표하여 "일본이 한일관계 개선과 한일정상 회담을 거부한 것"이라고 발표했다. 참으로 비겁한 태도라고 않을 수 없다.

흔히 한일관계는 양국의 정상 혹은 언론에 의해 '미래 지향적으로'라고 표현된다. 그런데 문재인 정권은 자신들의 무관심, 무능, 소극성은 뒤돌아보지 않은 채 한국인들에게 "일본은 미래 지향적이지 않다"고 느끼도록 조작하고 있는 것이다.

그러나 한일관계에 오랫동안 종사해온 내가 보면, 1965년 이후 모든 일들은 '미래지향'으로 만들어져 온 것이다. 한일기본조약도 한일청구권협정도 오부치 김대중의 '한일 파트너십 선언'도

'위안부 합의'도 모두 그 시점부터 양국의 미래를 내다보고 만든 합의였다.

문재인이 그 '미래 지향'의 원점을 뒤엎고 있다는 것을 다시 한 번 분명히 말해 두겠다.

또 하나 지적해 두고자 한다.

'징용공' 재판 원고단은 한국 정부가 자신들에게 아무런 설명도 없이 일본에게 지원안을 제출한 것에 대해 불쾌감을 보이고 있다. 조선일보 일본어판(2019년 6월 20일 자)에 따르면, (소송) 대리인단은 "금전적 배상 면에서도 아직 판결이 확정되지 않았고, 소송에 가담하지 않은 피해자들의 목소리가 전혀 반영되지 않았다. 한국 정부가 견해를 발표하기 전에 피해자와 대리인단을 포함한 시민사회와 충분한 협의가 없었던 것도 유감이다"라고 지적했다.

이래서는 2015년의 '위안부 합의'에서 박근혜 정부의 대응을 "피해자의 목소리가 반영되지 않았다"고 비판할 수 없지 않은가. 참으로 어이없는 정권이다.

위안부 장례식에서 웃는 얼굴로 기념촬영

문 정권은 다양한 진보·노동단체의 활동을 방치한 결과 그들의 이기적인 행동을 억누르지 못하여 제 목이 졸리는 지경에 빠졌다. 앞서 말한 바와 같이, 위안부 대부분이 받아들인 합의도 문재인 정권은 정대협(挺對協)의 뜻을 존중하여 폐기하고 외교 관계에 심각한 영향을 미치고 있다.

그러나 정부 여당은 이런 단체를 이용하려는 계획을 가졌다. 도저히 믿을 수 없는 일이 보도된 것을 알고 계시는가?

2017년 7월, 어느 '위안부 피해자' 할머니가 돌아가셨다. 과거 미 의회 공청회에서 증언하고 2015년 위안부 합의에 의해 설립된 '화해치유 재단'이 지급한 위로금을 거부한 합의 반대 30%측 사람이었다.

병원 분향소에 여당 국회의원이 찾아갔는데 그곳에서 찍은 기념사진이 SNS에 공개돼 물의를 빚었다. 웃는 얼굴로 게다가 엄지손가락을 세운 모습으로 찍은 것이다.

그 중 한 사람은 4선 국회의원이자 전 인천 시장이었으며 인권 변호사 출신인 송영길 의원이었고, 다른 1명은 영부인과 친한 일본가옥 보존에 관한 의혹을 받고 있는 앞서 언급한 손혜원 의원이다. 송영길 의원은 한일의원연맹 소장파 모임의 핵심을 맡았던 바 있고 한일관계에도 열심을 다했던 의원이다.

그들이 고인을 애도하기 위해 온 것을 믿지 않겠다는 것이 아니다. 하지만 함께 사진에 찍힌 사람들도 모자이크 처리되어 있었지만 모두 웃는 얼굴로 마치 선거 연설이나 궐기 집회에서 찍은 기념사진 같았다.

이 사진을 보고 떠오른 것은 그들(정권 지지자도 포함)이 돌아가신 할머니에게 얼마만큼 동정하고 있었을지에 관한 의문이다. 단지 자신들의 정치적 존재감을 높이기 위한 도구로 위안부들을 이용하고 있는 것이 아닐까.

이 할머니는 2015년의 '위안부 합의'를 거부했다. 그러나 약 7할에 해당되는 분들은 일본의 사죄를 확실히 받아들인 것이다. 약간의 응어리가 남더라도 그들은 자신들을 위해 조용한 노후를 보내고 싶었던 것이다. 진보는 그들의 그런 마음을 짓밟은 것이다. 뿐만 아니라 1990년대의 '아시아 여성기금'의 때와 마찬가지로 오히려 그녀들을 비판하며 '매춘부'라 부르기까지 했다.

영국에서는 천황폐하(현 상황폐하)가 1988년에 영국을 방문했을 때 일본군에 의해 전쟁포로로 잡혔던 군인들이 항의하자 버킹검 궁전에서 폐하가 사죄의 말을 하였고 양국으로부터 호의적인 반응이 나왔다.

군인들이 생존하는 동안에 사과할 수 있었던 것은 매우 다행이라고 생각되고, 이는 영일 양국 외교관계자와 정부 간의 노력이 있었기에 가능했다. 더구나 한 번 사과 받은 것을 다시 재차 요구하지 않는다. 쇼와 천황과 네덜란드의 관계에서도 마찬가지다. 그

것이 국제적 상식이다.

대부분의 '위안부'가 일본의 사과 및 위로금을 받아들이고 있음에도 불구하고 한국 정부는 이를 무시한다. 이래서는 아무리 일본이 한국 사람들의 마음을 헤아리려고 해도 소용없는 일인 것이다. 상대방이 그럴 생각이 없다면 몇 번을 사과해도 받아줄 리 없지 않겠는가.

지금까지의 한일 간의 교류를 되돌아보자. 한국의 진보는 일본이 사죄해도 그 이상의 사과를 요구한다. 즉 그들에게 '위안부 문제'는 일본을 공격하기 위한 수단이며 서로 합의를 만들어내려는 의지가 부족하다. 이것은 앞서 말한 진보단체와 공통되는 점이다.

위안부들 중에는 일본의 사과를 받아들이려 한 사람들도 많다. 그러나 이런 단체들은 일본과의 교섭 경위를 뒤집었을 뿐만 아니라 위안부들을 공격하는 일마저 마다하지 않는다. 다르게 표현한다면, 위안부들의 마음을 헤아리기보다는 정치적 활동성과를 올리고 싶은 것이다. 인도주의보다는 자신들 개개인의 활동을 소중히 여기는 것이 진보의 '주의(主義)'인 것이다.

한국에서 달아나는 일본 기업

'강제징용 문제'는 '위안부 문제'보다 더 큰 문제를 내포하고 있다. 일본 기업이 위자료 지불을 거부하여 한국 내 자산이 압류되게 되면 해당 일본 기업과 그 이외의 일본 기업도 더 이상 한국과는 겁이 나서 비즈니스를 계속할 수 없기 때문이다. 한국 정부는 그런 기업 논리도 모르고 있는 것이다.

일반적인 한국인은 그 내용이 어렵기 때문에 '징용공 문제'에 관한 관심은 '위안부 문제'보다 현저히 낮다. 뉴스에 대한 반응도 '징용공' 그 자체 혹은 재판 결과보다는 그것들에 대한 일본의 강경 반응이 관심사인 것 같다.

그러나 여기에는 함정이 있다. 한국의 국민적 이해가 없는 가운데 한일 비즈니스가 소외될 위험성이 크다는 것이다.

그 어떤 역사적 경위가 있다 해도 국교가 있고 선진국 간에 상호이익의 최대화를 목표로 비즈니스를 해온 민간 기업이 한국 사법부에 의해 일방적으로 '전범 기업'으로 간주되어 자산을 압류당한다는 것은 중대한 국가적 위험(country risk)인 것이다.

지금까지의 경위만으로도 사법부의 자의성과 역사 문제의 애로 사항을 느끼기에 충분하며, 여기에 어려운 노사문제와 세계경제 침체, 미중 무역전쟁 등의 요소가 관련되면 한일 민간비즈니스는 위축될 수밖에 없다. 적어도 '전범 기업'(한국은 300 정도라고 보도)으로 낙인찍힐 가능성이 있는 기업은 한국의 사법권이 미치는 영역에 회사 자산을 두는 것을 피하고 싶을 것이다. 미쓰비시 중공업은 이 움직임을 예측하고 2018년 현지법인을 철수했다.

또한 '전범 기업'이 아닌 일본 기업도 한국 거점 철수를 진지하게 검토하기 시작했다. 법과 정의가 통용되지 않는 나라, 더 나아가 향후 자유무역체제에 머무를지 어떨지 알 수 없는 나라에 투자하기는 어렵다.

2019년 4월에는 반도체 관련 기업인 펠로텍이 한국 철수를 발표했지만, 이 회사의 자회사를 놓고 시사 통신(그해 4월 17일 자)은 이렇게 전했다.

전직 직원 3명이 올해 2월 부정 경쟁 방지 및 영업기밀 보호에 관한 법률 위반 혐의로 한국 검찰 당국에 기소되었다. 펠로텍은 '최근의 한국 내 일본계 기업에 대한 사법판단 등을 감안하면 사법판단의 독립성이 완전히 담보되지 않을 우려가 있어 잠재적 리스크를 현 단계에서 최소화하는 것이 가장 적절하다고 판단했다'고 설명했다.

또 후지제록스도 한국에서 철수하고 인천에 있던 공장을 폐쇄하고 종업원을 해고했다.

이는 일본 기업에 국한되지 않을 것이다. 한국 GM과 르노삼성의 예에서 살펴본 대로 정부와 사법부가 정의와 이념 운운하며 노동운동 편을 드는 상황하의 글로벌 경영환경에서는 기업 경쟁력을 갖출 수 없기 때문이다.

2018년까지는 호황이었던 한국의 대내 직접투자도 한국 산업통상자원부에 따르면 2019년 1/4분기(1~3월)에서는 35.7% 감소했다고 한다. 한국 정부는 이것을 '세계경제 침체 때문'이라고 설명하고 있지만 잘못된 경제정책으로 국가 위기감이 상승한 탓에 투자심리가 위축된 것은 아닐까.

민간은 위험 부담에 매우 민감하다. 이러한 요소들이 얽혀 총체적으로 한국에 대한 투자에 소극적이라면 향후 경제에도 악영향이 미칠지 모른다.

문재인 정권은 국익보다 자신의 '주의'를 관철시키는 것이 더 중요한 것 같다. 한국경제는 세계경제의 침체, 중국경제의 침체, 소득주도성장의 부작용으로 향후 더욱 위축될 것이다. 그렇게 되면 국민생활은 한층 더 어려워질 것이다. 이를 막기 위해서는 한일의 경제관계 강화가 반드시 필요하다. 그러나 지금은 협력 강화와는 전혀 반대되는 방향으로 가고 있다.

게다가 한국의 원화 가치도 저하되고 있다. 만일에 대비해 일본과의 스와프협정에 의해 일본으로부터의 통화안정 지원이 필요하다. 그러나 일본은 문재인 정권을 도와줄 생각이 추호도 없다.

그런데 해외기업은 물론 한국 재계조차 정권에 입조차 뗄 수 없으니 어찌할 도리가 없다. 문재인 대통령의 대일 정책과 경제정책 때문에 울게 되는 것은 한국 국민이 될 것이다.

문재인의 아버지는 '친일'인가

이 주제는 직접 일본과 관계가 있는 것은 아니지만, 이른바 '친일파'의 꼬리표를 달아서 적대세력을 적폐로 간주해 공격하는 문 정권의 방식은 일본인의 감정에도 큰 그림자를 드리우고 있다. 물론 여기서 말하는 '친일'이란 한국 역사관에서 '일제 통치에 협력한 사람'을 가리키고 있어 현재 일본과 친밀한 사람들은 포함되지 않는다.

그러나 실제로는 조금이라도 일본의 주장에 귀를 기울이거나 한국의 방식에 이의를 제기하거나 한일관계 개선의 중요함을 호소하거나 하면 금세 '친일파 후손'이라고 딱지를 붙여 버린다.

이런 표현은 본래는 은어였는데 이제는 대놓고 입에 오르내리고 있다는 것이 무서운 현실인 것 같다. 최근 들어서는 더 강한 어투로 '토착왜구'라는 표현을 문재인을 지지하는 정치가들이 빈번히 사용하기 시작했다.

진보진영에게 친일파는 자신들을 '빨갱이'라고 부르며 탄압한 군사정권의 후예이자 '적폐청산'의 대상이라지만, 이런 현상이 완전히 정착된 것이 무섭기도 하고 기괴하기도 하며 때로는 우스꽝스럽기도 하다.

이 정권은 '친일파'의 정의를 자유자재로 바꾼다. "문 정권을 반대하는 자들은 일본을 이롭게 하기 때문에 친일파", "보수를 지지하는 사람들은 일본과 제멋대로 손을 잡은 군사정권과 연계되어 있기 때문에 친일파"라는 식으로 몰아간다.

그런데 다른 한편으로 연간 750만 명에 이르는 일본 관광객들은 그 대상이 아니라고 한다. 온천을 즐기며 라면과 초밥을 만끽해도 친일파는 아니라는 것이다.

그러나 문재인 씨의 정의에 의하면, 문재인 자신이 '친일파 후손'이지 않을까 라고 반문하고 싶다.

문재인의 아버지 문용현 씨(1920년생)는 현재의 북한 땅인 함경남도 흥남에서 태어나 '수재'라는 소문이 자자했고 현지 명문고인 함흥농업고등학교를 졸업하여 공무원 시험에 합격 후 흥남 관청에서 농업 관계 업무를 맡았었다고 한다. 모두 일제 시대 때의 일이다.

'일제 강점기'(최근 한국에서는 상술한 대로 일본의 통치가 '불법'이었음을 강조하기 위해 '강점'이라는 표현을 쓰는 일이 많다)에 '일제' 교육을 받고 '일제' 공무원이 되어 '일제'에 의한 농업수탈의 선봉이 되었다. 즉 '일제'의 혜택을 받은 인물의 아들이 문재인이라는 지적을 받으면 과연 그는 반박할 수 있을까.

나는 문재인의 아버지를 비판할 생각은 추호도 없다. 그 당시 일본이 정비한 교육 제도하에서 배운 사람들이 나중에 한국의 여러 분야에서 일을 하며 활약한 것은 당연한 것이고 그 중에는 진짜 '친일파'도 있었겠지만 그 언젠가 민족자결의 시대가 오기를 기대하며 학업에 열중한 사람들도 많았을 것이다.

또한 구 조선총독부 아래에 있던 다양한 관공서 혹은 구 일본군에서 일했던 사람들도 마찬가지이다.

그러나 만약 문재인 씨에게 올가미를 씌우고 싶은 인물이 권력을 잡으면 이 사실 하나만으로도 쉽게 문재인 씨를 '친일파의 아들'이라고 단죄할 수 있을 것이다. 일본과 관련이 있다는 것만으로 어떤 사람이든 어떤 기업이든 '친일'이라고 정의할 수 있기 때문이다. 현재 그렇지 않은 것은 문재인 씨 자신이 권좌에 앉아 있기 때문이 아닐까.

일본 통치시대에 제정된 교가를 바꾸고, 심겨진 나무를 뽑아버리고, '친일파' 이름을 공공장소에서 지우고, '전범 기업'의 제품을 사용하지 않도록 하는 등 문재인 정권하에서의 '청산' 작업은 다양한 전개를 보이고 있다.

한국 국가인 '애국가'를 작곡한 안익태가 그 생애에 친일적 행동을 보였을 뿐만 아니라 나치 독일의 점령지역에서 그들을 위해 활동했다는 설이 있다. 2019년 문재인이 '친일 청산'을 호소한 삼일절 식전에서 다 함께 소리 높여 불렀는데 이 또한 곧 '청산' 될까?

그런데 문재인은 이 기념식장에서 분단 후 월북하여 김일성에게 협력하고 한국 전쟁에서는 훈장도 받은 김원봉을 '국군의 뿌리'라고 발언했다. 도대체 이 대통령이 하고 싶은 일이 무엇일까. 이것의 어떤 부분이 '미래 지향'인지 가르침을 받고 싶다.

문 정권 이후를 생각해 보자

2019년 6월 오사카 G20에서 한일정상회담을 하지 않은 아베 정권의 선택은 어쩔 수 없었다. 문재인은 직전에 "아베 총리와 만났으면 좋겠다"고 했지만 이것이 얼마나 치졸한 외교 기법인지는 이미 앞서 말한 대로다. 설령 회담이 성사되었더라도 "성의있는 대응을 보이지 않았다"며 일본을 비판했을 것이다.

이미 문 정권은 국제적으로 고립되어 있고 국내에서 통하던 거짓말과 이기주의 그리고 대북협상의 문제점도 드러나고 있기 때문에 아무리 바르게 들리는 논리를 펴도 액면 그대로 받아들일 나라는 없다. 이것은 현재 국제사회의 상식을 지키고 있는 나라와 그렇지 못한 나라 간의 문제인 것이다.

또한 한국의 일본 경시는 분명하다. 외교부의 '동북 아시아국'(일본과 중국을 담당)에서 중국을 독립시키는 한편, 일본은 인도나 호주 등과 함께 '아시아 태평양국' 소관으로 바꾸는 등, 냉대로 보일 수도 있는 취급을 하고 있는데, 이는 그들의 한일관계에 대한 관심이 낮으니 어쩔 수 없다. 하지만 그로 인해 손해를 보는 것은 한국이다.

그럼 지금 일본이 문재인 정권에게 할 수 있는 일들을 생각해 보자.

▶ 단교해야 하나?

일본 국내에서는 "한국과 단교하라"는 신문기사 제목까지 올

라오기 시작했고, 이제 이를 일부 극단론자들에게 국한된다고 보기 어려운 상황이 되었다. 이런 풍조가 지금의 일본인들에게는 '먹힌다' 는 것이다. 한국에서는 "무토는 혐한파로 전락했다"고 비판받았지만, 반대로 일본에서는 내가 한국 국내 사정을 소개할 때마다 "무토는 지나치게 친절하다. 한국 편을 들고 있냐"라는 말을 듣는다.

그럼, 단교해야 하나? 라고 묻는다면 대답은 당연히 "아니"다. 설마 정부 차원에서 그런 논의가 있지는 않겠지만 혹시 모르니까 확인해 보겠다. 한일 외교 관계는 양국 간에만 중요한 것이 아니라 일본이 놓여 있는 동북아 정세와 지정학도 고려해 역산해 봐야 한다.

중국의 패권주의에 대한 국제사회의 반발은 남중국해 문제나 미중 무역 전쟁에 국한되지 않으며 향후 더욱 확대될 것이다. 그럼 일본은 어떻게 대처해야 할까? 그것이 외교 안보상 최대의 이슈인 것을 의심하는 사람은 없을 것이다.

객관적으로 보면 일본도 한국도 이 환경에서 자력만으로는 움직일 수 없다는 입장은 동일하기 때문에 손을 잡아야 한다는 원론적 이야기보다는, 비록 원하지 않더라도 협조해야만 한다. '한일 단교' 의 혜택을 가장 많이 받게 될 나라는 틀림없이 중국공산당

일 것이며 북한과 러시아도 마찬가지다.

　문재인과 교섭할 필요는 없겠지만 그렇다고 한국과의 파트너십을 부정해서도 안 된다. 여기서 중요한 것은 앞으로의 방향을 고려해야만 한다는 것이다. 다시 말해, 자유와 번영의 중요성을 일반 국민과 공유하고 그들 자신이 진보정권의 어리석음과 그 끝의 무서움을 깨닫게 해야만 한다는 것이다.

　"그럴 필요 없다. 단교해 버려라"라고 말하는 사람들은 진보정권의 끝이 '통일 조선'으로 이어진다는 것을 상상하지 못해서 그런 말을 하고 있는 것일까. 나는 그렇게 말하는 사람들에게 "대마도 코앞까지 북한 군대가 와도 되느냐"고 묻고 싶다. 그렇게 될 경우 일본이 지게 되는 위험부담과 치르게 될 비용은 어찌 될지 생각해 주기 바란다.

▶ '징용공 문제'에 대한 현재 대응

　'징용공 문제'로 인해 일본 기업의 자산이 압류당하게 된다면 일본은 이를 결코 양보해서는 안 된다. 이는 단순히 일본을 위해서만이 아니라 중장기적인 한일관계를 위해서도 그렇다. 그렇기 때문에 앞으로 한국의 '정의'에 영합해 일방적으로 양보하지는 않을 것이다. 오히려 문재인 정권이야말로 '정의롭지 못하다'라는 입장을 고수하며 이를 알기 쉽게 표현해 나갈 것이다.

한국의 효자 산업인 반도체 제조에 필요한 전략물자 대부분은 일본이 국제시장 점유율의 70~90%를 쥐고 있다. 이 밖에도 반도체 제조장치와 산업로봇 등 이른바 혁신기술 대부분을 한국은 일본에 의존하고 있다. 한국인은 일반적으로 이런 분야에서 "일본을 이겼다"고 생각하고 있겠지만 실제로는 한일이 분업하고 있다.

G20 회의가 끝난 이틀 후인 7월 1일, 일본 정부는 불화수소 등 3개 전략물자에 대해 "수출허가 심사를 요구한다"고 발표했다. 또 안보상 우방인 '화이트국가' 지정에서도 한국을 제외하고 군사전용 우려가 있는 첨단기술과 전자부품에 대해 개별허가가 필요하다고 발표했다. 이는 통상 90일이 걸린다.

이 조치는 한국 내 경제계에 비상사태를 초래했다. SK 등은 3개월 후에는 반도체 생산을 중단할 수밖에 없을지도 모른다고 발표했다.

그럼에도 불구하고 청와대는 여전히 경제부처에 그 대응을 떠맡긴 채 비상사태임을 인식하지 못하고 있다. 아마도 한국경제가 실제로 위기에 처하지 않는 한 그에 맞는 대응을 하지 않을 것이다. 그러는 사이 한일 간은 보복의 연쇄로 진흙탕 싸움이 될 가능성이 크다.

이번에도 한국이 아무런 조치를 취하지 않는다면 일본은 어떻게 하면 좋을까.

한국의 금융기관은 필요한 미 달러의 조달 단가가 부담이라고 한다. 대북문제로 인해 미 재무성으로부터 압력이 가해지고 있어 일본은행을 상대로 하는 것이 싸게 먹힌다는 것이 정설이다. 이런 분위기를 틈타 일본은행이 프리미엄을 얹게 된다면 한국의 금융기관은 그야말로 진퇴양난이 될 것이다.

그러나 그렇게 된다면 한일 경제관계는 '전쟁상태'가 될 것이다. 이는 일본 경제에도 큰 부담이 되겠지만 무엇보다도 한국 국민이 문재인 정권을 비판하게 하여 한일관계개선의 필요성을 일깨워 줘야 한다.

▶ 항상 국제사회를 동참시켜 함께 행동하라.

원래 문재인 정권과의 사이에서는 한일 양자 교섭만으로는 효과적인 수완을 발휘할 수 없을 것이다. 한국 정부는 중재위원회나 국제사법재판소에 갈 생각이 전혀 없어 보인다. 만에 하나 지게 되면 문 징권에게 큰 타격이 될 수 있기 때문에 반드시 이길 수 있다는 확신이 없는 한 실행하지 않을 것이다. 진보정권이 실권을 쥐고 있는 한 한국 국민의 정서상 '일본과 교섭한다'는 구도는 그리기 어렵기 때문이다.

보다 효과적인 방법의 하나는 바로 국제사회를 동참시키는 것
이다. 거기서 대북 정책에 대한 비판과 함께 일본이 오랫동안 한
국과 마주해온 사실을 호소해야 한다. 그 결과 국제사회로부터
"한국은 이상하다", "북한의 위험성을 너무 쉽게 보고 있다", "대
북문제에 있어서 국제사회 규범을 일탈하고 있다", "선박 환적
대책을 진지하게 강구하고 있지 않다", "국제간의 약속과 합의를
지키지 않는다", "자유주의를 버리려 한다", "중국의 패권을 사
실상 용인하고 있다" 등의 소리를 듣게 된다면 한국인 자신이 자
국의 현 상황을 객관시하는 데 매우 효과적일 것이다.

▶ 문재인 정권 이후를 생각해 본다

나는 문 정권과 미래의 한일관계는 나눠서 생각해야 한다고 생
각한다. 현 상황은 '징용공 문제'에 대한 그들의 대책이 없는 한
기본적으로 무시해도 되겠지만, 한일관계를 합리적으로 생각하는
사람까지 동일시해서는 안 된다.

한일 국교 정상화로부터 50년 이상이 지난 지금, 한국에게 일
본의 중요성은 크게 떨어졌다.

그런데 한국은 어려운 상황이다. 국제사회에서 국가로서의 위
상은 정점을 지났고, 진보정권은 경제하락을 가속화시키고 있다.
특히 경제 여건은 더욱 어려워질 것이다. 한국인이 현실을 직면하
게 되어 한국 국민 스스로 일본의 중요성을 인식하여 일본과의 합

리적이며 현실적인 관계 구축을 선택하지 않는다면 사태는 언제까지나 변하지 않을 것이다. 이제는 일본도 한국에게 적극적으로 협조할 이유가 없어졌기 때문이다.

실제로 문재인 진보정권의 그늘에 가려 눈에 띄지는 않지만 "한국은 전부 옳고 일본은 전부 다 틀렸다"는 고정관념에서 벗어난 한국인도 점차 늘기 시작했다. 역사교육으로 인한 고정관념의 틀에서 벗어나 민족 감정을 배제하고 객관적으로 바라보려는 움직임이 보수뿐 아니라 인터넷 세대의 젊은이들 사이에서도 볼 수 있게 되었다.

이는 주목할 만한 현상이다. 일본 통치시대의 평가, 그리고 한일 기본조약 이후의 일본이 한국의 발전을 위해 협력해온 역사를 그들이 계속 발굴해 주길 바란다.

다만 나를 포함한 일본인들이 "일본통치 시대를 긍정적으로 평가하라"고 발언하는 것은 적절하지 않다. 일본의 통치는 한반도 사람들에게 도움이 되었을지도 모른다. 그리고 그것은 일본이 어디까지나 정책상 한 일이기도 하나 그들의 자존심과 존엄을 훼손한 것도 사실이기 때문이다.

세계 제일의 '반일' 이며 세계 제일의 '친일' 인 한국인들

그래도 한국인은 일본을 좋아한다. 이건 사실이다. 750만 명이 일본을 방문한다는 것은 상당수 재방문한다는 뜻이기도 하다. 서점에서는 무라카미 하루키나 히가시노 게이고의 소설이 베스트셀러가 되고, 어른으로부터 아이까지 추억의 텔레비전 애니메이션은 거의 일본산이다.

이제 분명히 말해 두겠다. 확신을 가지고 문재인을 지지하고 있는 진보는 극소수이며 그들 머릿속에 존재하는 "일본은 옳지 않다"라는 사고방식은 어쩔 수 없다. 40%대의 지지율 중 25% 정도는 "왠지 모르게 문재인은 신뢰할 수 있다", "보수는 이제 더 이상 신뢰할 수 없다"라고 말하는 소극적 지지층이며, 그들(소위 말하는 보통 한국인들)은 일본인이 우려하는 '반일' 이 아니다.

물론 역사 문제를 물어보면 한국인은 '관행' 상 일본의 "부도덕함"을 말할 것이고, 3·1절에는 "대한독립만세"를 외치겠지만, 그들이 생각하는 생생한 일본은 자신의 생활과 밀착된 일상 속에 있다.

지금은 고등학생이나 대학생이 몇만 엔만 벌면 자력으로 일본에 놀러갈 수 있는 시대이다. 이들은 자신들의 경험을 동영상 사이트나 SNS에 투고하고 일본에 대해 점점 더 자세히 알아나가게 된다. 가깝고 저렴하고 안전한 해외 여행지라 하면 일본이고, 여행자들 대부분이 긍정적인 평가를 하고 있기 때문이다.

그래서 그들은 다시 일본에 가고, 한국 내에 일본식 가게가 증가한다. 그들에게 아무리 전교조 교사들이 '일본은 악의 나라' 라고 세뇌시켜도 더 이상 믿을 사람은 그리 많지 않다.

초기 외교관 시절 나는 민간교류를 담당했었다. 당시를 생각해 보면 한국인 학생이 자력으로 일본 여행을 할 수 있다니 격세지감이다. 일본 젊은이들 사이에서도 제3차 '한류열풍' 이 일고 있다는데 중학생부터 20대 정도까지가 그 대상자라고 한다.

전후 어려운 한일관계 속에서 많은 선배들이 힘을 합해 고생했다. 보답받지 못하고 상처받은 사람도 있었다. 나는 그런 분들을 '친일파' 로 단죄하는 진보를 받아들일 수 없다. 무엇보다도 이 시기에 이르러 젊은 사람들의 교류를 어른들이 방해하는 일이 있어서는 안 된다.

나는 문재인 정권의 지지자들이 안이하게 믿고 있는 이 시기를 잘 극복하면 진정한 한일관계가 열릴 수 있는 시대가 올 것이라고 믿고 있다. 그 방법을 마지막으로 생각해 보고 싶다.

제 6 장

한국인도 일본인도
문재인에게 'NO'를!

문재인은 이미 '진짜 재앙' 이다.

문재인 정권은 이미 진짜 재앙이다. 남한 내부를 갈라놓고, 국
민의 생활을 더욱 더 궁핍하게 하며, 북한을 온존(溫存)시키고, 고
조되는 위협을 허용할 뿐만 아니라 한일관계를 파괴하고, 동북아
시아 안전보장의 혼란을 야기하며, 자신은 이것이 '정의로운 이
념'의 실천이며 투쟁이라고 믿고 있다.

최근 한국에서는 일본어의 "진짜"를 그대로 옮긴 '혼모노' 라
는 말이 인터넷발 속어로 쓰이고 있다고 한다. 그 의미를 검색해
보면 '소문으로만 듣고 있던 바보 같은 행위나 말을 실제로 행동
으로 옮기는 사람' (인터넷사이트 '좀 더 코리아')이라고 한다.
그렇다면 문재인은 확실히 '혼모노' 이다.

한국은 보수와 진보의 갈등, 경제 침체와 격차의 확대, 세대 갈
등, 박근혜 전 정권에 대한 평가 등 여러 가지 균열이 발생하고
있다. 과거엔 지역갈등이 남한을 갈라놓았지만 성장함에 따라 대
립은 더욱 복잡해지고 있다.

그런데도 당파 대립만을 반복한다면 큰 손실을 초래할 수도 있

다는 현실에 이제부터는 눈을 돌려야 한다. 문재인은 '진보정권'임을 시인하며, 자유와 민주주의라는 소중한 가치를 중대한 위험에 노출시키고 있다. 이대로 진보정권이 계속된다면 정권뿐만 아니라 의회도 좌지우지할 것이며, 북한 같은 진짜 독재국가가 되어버릴 것이다. 북한에 대한 방비를 소홀히 하고 한미동맹을 경시해 최종적으로는 북한 주도의 '통일 조선'이 될 수도 있다. 일본에게도 어마어마한 위험부담이 될 것이다.

설마 이런 상황을 용납하는 한국인이 과반수라고 생각하지는 않는다. 그렇다면 이 정권을 신택해 비린 한국 유권자들은 민주적인 절차에 따라 이 정권을 우선 청산해야 한다. 일본인도 한국인도 문재인에 '노'라고 해야 할 때이다.

한국인은 문재인을 언제 단념할 것인가?

그러면 문재인 정권은 앞으로 어떻게 될 것인지 가급적 냉정하게 예측해 보겠다.

현재의 40%대 지지율은 '잘 유지하고 있는' 것처럼 보이겠지만, 지지층의 내실은 취약하다고 봐야 할 것이다. 대북 '평화' 분위기 조성과 표면상의 '성품 좋은 사람'이라는 거짓 이미지로 지지를 확보해 왔지만, 국민 생활에 직결되는 주요 정책을 긍정적으로 평가하고 있는 유권자는 매우 적다.

한국갤럽이 2019년 5월 한주에 걸쳐 펼친 여론조사에 주목해 보자. 주요 정책 분야별 평가(지지/반대편)를 보면 경제정책(23%/ 62%), 고용노동정책(29%/54%)에서는 분명히 반대편이 많고, 공직 인사(26%/50%)도 거의 2배 차이가 난다. 한편 문재인 정권의 간 판인 대북정책(45%/43%), 외교정책(45%/38%)도 거의 찬반 의견 이 팽팽하다. 2018년 5월 시점에서는 83%/7%, 74%/7%였던 점 을 감안하면 '주특기 분야'의 평가도 퇴색하고 있다.

6월 30일 판문점 미북 회담이 성사되면 문 정권의 지지율은 일 시적으로 오르겠지만, 성숙한 선진자유주의 국가라면 일반적인 유권자의 정책에 대한 관심은 우선 경제문제와 경기문제에 눈을 돌리게 되어 있다. 고용과 노동 문제에 이르러서는 유권자 자신 혹은 자신과 직결되는 문제로 인식하여 반대 경향이 강하다. 그렇 다면 문재인의 실질적인 지지율은 현시점에서 20% 정도이고 앞 으로 실제 통계수치도 그 정도까지 내려갈 것으로 보인다.

표면상의 지지율이 실제 수치에 근접해 간다면 2020년 총선이 이를 평가할 첫 관문이 될 것이다.

같은 한국갤럽 조사에서는 여당인 더불어민주당의 지지율이 문 재인 정권의 지지율보다 대체로 7~8% 낮은 수준이 유지되고 있는데, 본서 집필 시의 최신 조사(6월 3주)에서는 대통령 지지율 45%(반대편도 45%)에 비해 더불어민주당은 38%였다. 이것이 무엇을 의미하는지는 다양한 추측이 가능하겠지만, 이미 말한 대로 '특별한 이유가 없지만 대통령을 지지하고 있다' 층이 상당수 있다고 생각해 본다면, 실제 지지율은 여당의 지지율에 가까울지도 모른다.

그리고 향후 대통령 자신의 지지율이 하락함에 따라 여당 지지율도 같이 하락해 갈 경우, 그 속도에 따라서는 2020년 총선에서 여당 후보자 중 당선이 위태로워지는 사람들이 생기기 시작할 것이다. 하나의 시나리오로서 여당 지지율이 30% 아래로 떨어지게 되어 총선 승리가 불투명해지면, 여당 내의 문재인과 거리가 먼 그룹에서부터 대열이 흐트러질 가능성이 있다.

아니면 문재인은 이 사태도 미리 예측하여 비례대표 비율을 높여 당내 지배력을 올리려고 하겠지만(그렇다면 대단한 후각의 소유자), 선거 시점의 지지율에 따라서는 도리어 제도(142페이지 참조)를 바꾼 것이 재앙이 되어 야당에게 패배하여 임기 후반의 레임덕 현상이 가속화될지도 모른다.

다만, 제3장에서 살펴본 대로, 문재인 정권은 사회의 중심세력을 잡고 있기 때문에 실정을 하더라도 지지율 하락으로 연결되지 않을 가능성도 충분히 있다. 이렇게 된다면 문재인 정권의 시각으로 보자면 어느 정도 시간을 벌 수 있는 여유가 생기게 되는 것이다.

보수정당이 반드시 해야 할 일은 무엇일까

또 한 가지 걱정스러운 일이 있다. 정책 분야에서 문재인이 긍정적인 평가를 얻지 못하고 있는데도 보수 야당의 지지율 회복이 둔하여 아직은 정권을 위협할 수 없다는 점이다.

보수가 해야 할 일은 많다. 우선 가장 중요한 것은 보수 내부에서의 자잘한 다툼은 일단 보류하고 문재인의 독재를 막아야 한다.

박근혜 전 대통령이 아직도 구속되어 있고 앞으로 형이 확정되면 수감된다는 사실에 나는 가슴 아파하고 있다. 그 재판의 시비는 후세에 반드시 검증해야 하겠지만, 적어도 이 여인을 더 이상 교도소에 가둬두는 것은 의미가 없다고 본다.

다만 그것은 그렇다 하더라도, 보수계 인사들이 '친박계냐 비박계냐.' '탄핵발의에 찬성했나 안 했나.' '박근혜 전 대통령을 석방해야 하느냐 아니냐.' '극우냐 중도우파냐.' 등 자신들의 '정의로운 정치'를 내걸고 내분을 계속하는 것은 너무나도 근시안적, 전근대적, 당파적이며, 이토록 중요한 시기에 어찌된 일인가 싶다.

지금 한국이 직면한 위기는 '자유와 번영을 지킬 수 있느냐 없느냐' 이다. 그 기로에 서 있다는 것을 인식하고 좀 더 크고 넓게 장기적으로 조망해야 한다. 지금은 반(反)문재인, 반(反)진보독재 기치 하에 결속해야 하며 보수 내의 당파싸움은 이 대전제 앞에서는 무의미하다. 결국 모두 '적폐'가 될 뿐이 아닌가.

진보정권의 독재는 보수가 분열될수록 유리하게 작용하고 더욱 독선적이 될 것이다. 분란이 계속될수록 자유와 번영의 수호가 어려워진다는 것을 알아야 한다.

다음으로, 보수계의 지지율이 부진한 것은 '보통국민' 혹은 무당파층의 신뢰를 거의 회복하지 못했기 때문이다. 자유한국당 중심의 보수파는 멀어진 층(비교적 고령)을 되찾는 것에는 어느 정도 성공했지만 유감스럽게도 젊은 층의 지지는 얻지 못하고 있다. 20대 젊은이들이 아무리 경제 실정에 시달리고 있다고 하더라도 그렇다고 자동적으로 보수를 지지하느냐 하면 그건 별개의 문제이다.

그래서 나는 보수 진영의 반성과 전략 전환이 필요하다고 생각한다.
문재인 정권에 불안을 느끼고 있는 '보통 한국인들'은 목소리 큰 좌파 단체의 아전인수에 질려 있다. 보수가 그들 진영을 공격하는 것은 당연할지라도 그 방식이 '장외투쟁'만으로 점철되는 것에 문제가 있는 것은 아닐까. 평범하게 사는 사람들이 국회를 보이콧 하고, 연좌 농성을 하고, 삭발하고 전국을 돈다거나, 육탄전으로 국회심의를 막는 보수의 모습을 보고 자신들의 미래가 좋아질 것으로 믿겠는가.

지금 한국의 성장전략을 생각하며 논하고 있는 한국인은 과연 있는 것일까. 최소한 야당의 제1당인 자유한국당은 장외투쟁만 할 것이 아니라 경제성장 전략을 당당히 제시하며 소득주도 정책을 강하게 부정해야 하는 것이 아닐까. 노사분규를 그만두고 국제 정세와 한국의 강점과 약점을 종합적으로 고려하여 거시적으로 어떻게 하면 경기부양을 시킬 수 있는지, 국민소득 증대를 할 수 있는지 제시해야만 한다.

이는 문재인 정권의 약점을 찌르는 것 이상으로 중요한 사항으로, 경제정책이 기대할 만하고 논리적이어야만 한다. 이를 당당하게 주장할 때 비로소 보수는 유권자의 주목을 받게 될 것이다. "비 온 뒤에 땅이 굳어진다"까지는 아니더라도, 문재인 정권 출범에 따른 혼란은 이념과 독선을 아무리 전면적으로 내세워도 사람들은 행복해지지 않는다는 사실을 증명했다는 의미에서는 역사적 의의가 있다. 그렇다면 그 후의 비전을 제시하지 않으면 결코 국민의 신뢰는 얻을 수 없다. 자유주의와 사람들의 삶을 위해 머리를 맞대고 싸우는 모습을 보이지 않으면 앞으로도 보수의 한계는 계속될 것이다. 그러기 위해서는 현 정권에서 제외된 유능한 관료들을 간접적으로 활용하는 방법을 찾았으면 좋겠다. 일본도 마찬가지지만 한국 역시 관료야말로 가장 뛰어난 싱크탱크이기 때문이다.

마지막으로, 보수진영의 각 당은 외교적 고립으로 침체된 문재인 정권에 맞서기 위해 미일을 비롯한 관계 각국과의 제휴를 강화해 정권의 영향이 약한 해외 미디어를 통해 국민에게 위기를 호소해야만 한다. 문재인의 최대 약점은 국제적 평기이기 때문이다. 자신들의 짜 맞추기식 국내 사정만으로 외국에 마구잡이로 알리고 있는 진보정권이 잘못되었음을 알려주기 바란다. 또한 일본은 무위무책의 문재인 정권과 협상하지 않는 대신 이 정권에 적대시하고 있는 정치세력과의 소통은 유지해야 한다.

팩트와 데이터에 근거한 새로운 정치를

문재인 정권이 화려했던 평창 동계올림픽에서 감명을 받은 적이 있었다.

갑자기 시작된 남북대화와 북한 선수단의 참가로 여자 아이스하키 남북합동팀이 급조되었다. 개회식 불과 3주 전에 말이다. 한

팀의 선발인원은 늘릴 수 없지만 정부 주도로 북한 선수를 3명 기용하겠다고 밝히자 20대를 중심으로 강한 반발의 목소리가 터져 나왔다.

인기 종목이 아니었던 여자 아이스하키 국가대표 선수들은 아르바이트를 하며 꿈을 이어갔는데, 정치 논리 때문에 그 자리를 빼앗기게 된 것이다. 그 모습은 결국 권력을 등에 업고 사리사욕으로 밀어붙이는 '공정한 문재인 대통령'과는 거리가 먼 불평등한 것이었다.

젊은 사람들은 현 상황을 인내하며 기회를 엿보며 노력하고 있다. 아무리 어려운 조건일지라도 공정하다면 납득도 되겠지만, 아무리 '평화'나 '하나의 민족'이 그 이유라 할지라도 그들의 기회의 평등을 침해당하는 것은 참을 수 없었던 것이다. 정권도 이 젊은 민심을 읽지 못했던 것이다.

제3장에서 소개했던 '벽보'도 그렇지만, 나는 한국의 젊은 엘리트들의 손으로 진보 정부가 얼마나 실패하고 있는지 상세히 분석되어, 독선적인 정의나 이상이 아닌 팩트와 데이터에 근거한 합리적 정책을 입안하고 수행하는 정치 세력이 만들어질 날이 그리 멀지 않기를 기대하고 있다. 기존의 보수층을 믿지 못한다면 스스로 새로운 한국 정치를 책임지는 분위기 조성과 정당 만들기를 해

보는 게 좋지 않을까 생각하고 있다.

젊은 층은 근본적으로 남북통일에 관심이 없다. 물론 한민족이 분단되어 있는 것은 부자연스럽기 때문에 통일을 목표로 하는 것은 당연하다. 그러나 그렇다고 해서 자신들의 생활과 스스로의 기회를 희생하고 스스로의 비용으로 북한을 돕고자 하는 생각은 거의 없다. 서로 다른 나라라는 인식인 것이다.

그리고 이들은 일본의 현상에 대해서도 편견 없이 볼 수 있는 세대이기도 하다. 풍요로운 시대에 태어난 그들을 아무리 전교조 교사들이 반일교육을 시킨다고 해도 컴퓨터나 스마트폰으로 바로 관심 있는 정보를 검색할 수 있기 때문에 이들은 학교에서 가르치는 것이 옳은지 어떤지 객관적으로 볼 수 있다.

이제 기대를 담은 이야기를 해보겠다. 만약 선거제도가 중소정당에게 유리한 비례대표 중시형으로 바뀌게 된다면, 나는 기존의 보수와 진보 그 어느 쪽도 아닌 국익과 삶의 향상기회 평등을 제일로 생각하는 젊은 정당이 생기지 않을까 추측해 본다. 지연 등과 얽혀서 과거사에 휘둘리지 않고 국제사회와의 협조도 확실히 생각할 수 있는 진정한 미래지향 정치세력 말이다.

최근에는 다양한 인터넷사이트나 동영상 커뮤니티를 통해서 정

권으로부터 자유로운 입장에서 사물을 바라볼 수 있게 되었다. 문
재인은 사이버 공간도 압박할 것 같지만 그렇게 되기 전에 힘을
결집해 젊은 세대가 현실적인 정책을 펼 수 있는 정당을 만들어
기존 정당을 참여시켜 정치를 되살리기 바란다.

큰 그림을 그리기 위해 지금이야말로 현대사를 배워라

한국의 현대사에도 당파성을 넘어 진정한 통합과 포섭을 목표
로 한 선인들이 있었다. 일본이건 한국이건 앞으로 정치를 하려는
사람은 알아두기 바란다.

민주화 운동의 중심 존재이자 첫 진보정권을 세운 김대중 씨와
전 정보기관 수장 박정희 정권에서 총리로 일한 김종필 씨의 '연
합'이 그것이다.

그들은 서로 정치적 입장이 달랐고 박정희 정권 시절에는 정적
이었다. 전두환 정권 때는 함께 탄압받았다.

최초의 진보정권을 구성할 때, 김대중 씨와 김종필 씨(김대중
정부에서도 총리를 지낸)는 어떻게 함께 일할 수 있었을까. 두 사람
다 장래 어떠한 나라를 만들 것인지 장기적인 안목이 있었기 때문
에 가능했다. 연착륙을 어떻게 하면 나라를 위한 그리고 국민을
위한 길이 될 수 있을지 각자 조망할 수 있었던 것이다. 김대중

씨는 광주사건을 이유로 전두환 씨를 사형시키지 않고 그를 용서
했다.

지금의 정치인들과는 눈높이가 달랐던 것이다. 입장 차이, 근
본 차이, 사고방식의 차이를 뛰어넘어 서로에게 부정적이기보다
는 긍정적인 것의 가치를 내다볼 수 있었던 것이다. 지금 정치인
들과는 정반대였다. 문재인 정권은 '출판물 내용이 명예훼손에
해당한다' 며 노년의 전두환 씨를 법정으로 끌어내는 것이 '적폐
청산' 이라고 생각하고 있다.

비판하기만 하고 원한을 증폭시키는 것은 삼류 정치인의 전형
이다. 문재인은 선거 당시 '통합을 목표로 삼는다' 라고 발언하여
2019년 초에는 '포용 국가를 지향한다' 등의 말을 꺼내들었지
만, '통합' 과 '포용' 의 의미를 사전에서 다시 한 번 찾아보기 바
란다.

한일 파트너십 선언을 생각해 보라

한일관계로 말하자면, 김대중 정부 당시가 진보정권이면서 가
장 한일관계가 좋았던 때로 기억된다. 1998년 오부치 · 김대중 '한
일 파트너십 선언' 에서, 일본은 역사 문제에 대해 '사과' 했고,

한국은 이를 받아들여 '미래 지향적 관계로 발전시킨다'고 약속했다. 왜 이것이 가능했을까.

　나는 김대중이라는 정치가가 다양한 개인사를 겪으면서도 일본을 객관적으로 보고 있었기 때문에 가능했다고 생각한다. 그는 일본이 전후 민주국가가 된 것이 어떤 의미인지 이해하고 있었다. 그렇게 되기 위해서 일본인 자신들이 피와 땀을 흘리며 노력한 것을 인정했던 것이다.

　그렇기 때문에 역사 문제에 대해 일본이 문서로 사죄를 하면 더 이상 정부 간에 다시 입에 올리지 않을 것이라고 단언할 수 있었던 것이다.

　그런데 유감스럽게도 그 후의 정권들은 일본이 '우경화되고 있다.' '다시 군사 대국화를 목표로 삼고 있다.' '머지않아 한반도를 건드릴 것이다.'라며 그것들을 진심으로 믿고 있는 것 같았다. 만일 일본인이 이 이야기를 듣는다면 핀트가 너무 달라서 어떻게 해석해야 할지 모른다. 그런데 일본에서도 그런 말을 하는 정치가나 신문이 있기 때문에 이를 한국의 정치 운동가들이 이용하고 있다는 사실은 반성해야 한다.

　한국 측이 이런 언행에서 벗어나지 못하는 이유는 객관적인 사실을 경시한 나머지 과거의 선입견으로 생각하기 때문이고, 사실을 보려 하지 않기 때문이다. 김대중 씨는 그런 점에서 사실과 그 가치를 제대로 간파하는 정치인이었다. 문재인 대통령에게 가장 실망하는 사람은 김대중 씨일 것이라는 한국 신문의 논평이 있었다. 문재인은 김대중 씨와 달리 현실을 무시하고 있기 때문이라는 것이다.

부가한다면, 이 ‘한일 파트너십 선언’ 에는 ‘1965년 수교 이래 구축되어온 양국 간 긴밀한 우호 협력 관계를 보다 높은 차원으로 발전시키고 21세기를 향한 새로운 한일 파트너십을 구축한다’ 고 쓰여 있다.

사실 오늘에 이르는 한일교류도 여기에 그 원점이 있다. 어디까지나 1965년 한일기본조약을 근거로 만들어진 것이 ‘파트너십 선언’ 이며, 한국에 대한 경제협력도, 기술지원도 이것을 토대로 이어져 왔다. 그 후의 일본문화 개방도 일본에서의 이른바 ‘한류 붐’ 도 이 기초 위에 구축되어온 것이다.

문재인 씨가 그 토대를 깨려 하는 지금 많은 일본인이 화를 내는 것은 당연하다.

문 씨는 일방적으로 ‘징용공 문제’ 를 뒤집어엎어 선인들의 수고를 망쳤으며, 이미 사과를 한 문제도 ‘역사 문제는 한국정부가 야기하고 있는 것이 아니다’ 라고 큰소리친다. 당치도 않은 거짓

말이다. 전후 한일관계사를 숙지하지 못한 채 한일관계를 붕괴시키고 있는 '역사 문제'는 말 그대로 문재인 정권이 지금 만들어 내고 있다.

원래 역사에 단절은 없는 것이다. 한국인들은 흔히 일본인들에게 '역사를 공부하라'고 말한다. 물론 일본인은 전쟁 전의 역사를 더 공부해야 한다고 생각한다. 그런데 한국도 일본이 전후 한국의 경제발전에 이바지한 역사를 알아야 한다. 그러면 일본을 보다 객관적으로 볼 수 있을 것이다.

전후 협력의 역사에는 포항종합제철(현·포스코) 발전에 아낌없이 협력한 이나야마 요시카즈(稻山嘉寬) 신닛테츠(新日鉄) 사장(경단련 회장)의 모습이 있다. "과거에 일본이 합병했으니, 한국이 원하는 일은 뭐든지 해줘야 한다"라는 아낌없는 마음으로 기술을 제공했기 때문에 오히려 일본에서는 '지나치다'라는 비판을 받기도 했다.

지적할 것도 없이, 한국 대법원이 '징용공 문제'로 배상을 명한 곳은 이 신일철(新日鐵)의 후신인 신일철 주금(현·일본제철)이다.

한국인들에게 정의(正義)가 있듯이 일본인들에게도 정의가 있다. 한 번 사과한 것을 뒤집어 버린 다음에 또다시 사과를 요구하는 행위는 적어도 일본인들에게는 정의가 털끝만큼도 없는 '믿음을 배신하는 행위'인 것이다.

용일(用日) 용한(用韓)으로 족하다

일본인들은 한국이 이제 감정적인 반일을 그만하고 보통 국가가 됐으면 좋겠다고 생각한다. 반일이 계속된다면 무역, 외교, 안보 등 한일 모두가 잃는 것이 너무나 크고 한국이 중·러, 그리고 북한에게 농락당해 형체를 잃게 될 것이기 때문이다.

'보통 한국인'이 중·러의 속국이 되거나, 막대한 비용을 필요로 하는 현시점에서 남북통일을 바라고 있다고는 생각되지 않는다. 때문에 미국과의 협력은 물론 놓인 입장도 그리고 이해(利害) 관계도 유사한 일본과의 협력은 불가결하다.

다만 이토록 국민감정이 복잡하게 얽혀 있는 상황에서 '양보한다', '협력한다'라는 말은 현실성이 없다. 이런 상황에서는 그냥 좀 쿨하게 서로를 '이용'한다는 차원에서 시작하는 게 좋지 않을까 생각한다.

한국에서 잘 쓰이는 '용일(用日)'이라는 단어가 있다. 한국의 국익이 되는 한 일본을 이용하자는 것이다. 즉, 이용 가능한 범위

내에서 감정을 배제하고 냉정하게 사귀어 나간다는 의미이다. 일본인이 듣기에 울림이 그다지 좋은 말은 아니다.

하지만 '용일(用日)'로 족하다고 나는 생각한다. 그 대신 일본도 한국을 '용한(用韓)'하면 된다. 이런 건조한 교제가 한일관계를 정상으로 되돌릴 수 있는 길이 될 것이기 때문이다.

이용하려면 상대는 물론 자신도 객관시해야만 한다. 역사 문제는 아무리 애를 써도 해결책이 보이지 않지만, 그렇다고 해서 '정의'만 고집한다면 노력만 낭비될 뿐이다. 사실을 단순하게 인정한 후에 장래에 이용 가능한 것들을 생각하는 편이 결국 한국의 발전에 도움이 될 것이기 때문이다.

독일과 폴란드, 독일과 프랑스는 그렇게 감정을 희석시킨 후에 관계를 맺었기에 오늘이 있다. 일본과 한국도 역사 문제의 공동연구를 실시한 적이 있다. 그런데 한국은 사실보다 한국사관에 의한 '정의'를 일본 측에게 인정받을 것을 사명으로 하고 있었기 때문에 암초에 부딪치고 말았다.

차라리 "우리 서로 이용할 수 있는 것들을 찾아 이용합시다."고 하는 태도가 필요하다.

본래 모든 외교 관계는 '용(用)'이 그 출발점이다. 일본도 용한(用韓), 용미(用美), 용중(用中)이고, 트럼프는 그림과 같은 용일(用

日), 용중(用中), 용한(用韓), 용북(用北)이다. 본래 이것이야말로 외교 및 국가 간 관계이며, 자국의 국익을 이롭게 하기 위한 움직임에 충실한 것이야말로 리얼리즘의 기점(基點)이다. 트럼프를 본받아야 한다. 그는 특별한 양국 간 관계 등은 태연하게 경시하고, 단순한 득실관계의 비전을 제시하고 있다. 한국과 일본도 이 점을 참고해야 한다.

이는 요컨대 '보통의 양자관계'와 동일하다.

이제 일본도 한국도 서로를 특별한 나라라는 생각을 접으면 된다. 감정적인 대립 때문에 현실 이익을 해치게 된다면, 차라리 합리적으로 비즈니스건 안보건 이용하면 그뿐이다. 그리고 이웃나라이며 지정학적 리스크도 공유하고 있고 경제구조도 해마다 보완적 관계인 한일 양국은 아직 서로 충분히 '이용가치'가 있다.

그러나 문재인에게 이런 발상을 기대할 수는 없다. 그렇기 때문에 부디 한국인들이 '용일(用日)'에 공감하여 민주주의의 규칙에 준해서 정권을 바꿔 주기를 바란다.

마구잡이식 '혐한(嫌韓)'은 문재인이 바라는 바

일본인들에게 문재인 정권은 비상식적인 존재이며, 그들에 대해서는 일체의 타협이 허용되지 않는다. 그러나 이것과 '혐한'은 다르다. 분명히 선을 그어야 한다. 비판의 화살은 일반 한국인들에게 쏘는 것이 아니라 문재인과 무책임한 진보 정치인들과 그 지지자들에게 쏴야 한다.

마구잡이식 '혐한'은 진보진영이 바라는 바이다. '보통 한국인'의 깨달음을 둔화시키고 한일 양국을 이간시킴으로써 문재인 정권을 도와주는 형국이 될 뿐이다. 결국 일본도 큰 손실을 보게 될 것이기 때문이다.

한국 국내에도 일본과의 관계 개선을 바라는 사람들이 많다. 그들은 다음과 같이 말한다. "문재인 정권의 방식은 국제적 상식에 반하고 있다." "일도 아르바이트도 없는데 이것의 어디가 소득주도성장이란 말인가?" "결국 경제를 회복시킨 아베 총리가 더 낫지 않은가?"라고 말이다. 그런데 이런 이야기들을 공개적으로 말하기 어려운 것도 한국이다.

최근에 들어와서 한국 신문들이 일본어판 기사를 많이 제공한다. 포털사이트에서도 제공하고 있기 때문에 쉽게 접할 수 있고 우연히 읽게 되는 경우도 늘었다. 일본어판에 일본 관련 뉴스가 많아지는 것은 당연한데 가끔 서두부터 아래와 같은 종류의 문구가 게재된다.

'일본은 성가신 이웃'

'역사적 망언을 반복하는 일본'

'점점 더 우경화되고 혐한이 심해지는 일본'

'우리의 재산을 강탈하며 정기(精氣)를 빼앗은 일본'

이런 말들에 일일이 반응할 필요는 없다. 한국 언론과 지식인들은 "일본과의 관계를 회복해야 한다", "일본에게 배워야 할 점도 있다", "일본의 언행이 옳고 한국이 잘못한 점도 있다"고 말하기 어렵다. 그렇더라도 이런 내용을 독자들에게 전하려면 도입 부분에 이런 '전채(前菜)'가 필요하다.

아직도 진심으로 이렇게 생각하는 한국인도 적지 않지만, 언론은 진정한 견해를 제시하기 전에 우선 독자의 감정을 이끌어내야 하며 비판을 피해야 한다. 그렇기 때문에 모종의 변명이랄까 수식어가 필요한 경우도 있다고 보면 된다. 일일이 그 말에 반응하여 "반일 기사다", "이런 기사는 읽고 싶지 않다"고 받아들이면 진보 정권과 좌파 언론을 이롭게 하는 일이 될 뿐이다. 한국 언론의 말은 액면 그대로가 아니라 행간도 파악할 것을 추천한다.

마찬가지로 미디어 본부의 생각이나 칼럼 필자가 말하고 싶은 것을 고의로 누군가의 의견인 것처럼 쓰는 것도 그들의 기술이다. "일본은 이대로 간다면 한국을 외면한다. 그래도 되나?"라는 식

이다. 자신을 주어로 쓰면 어디에서 화살이 날아올지 모르기 때문
이다. 그래서 "최근에 도쿄에 갔는데 놀랐다. 과거 호의적이었던
사람들까지 한국을 외면하기 시작했다. 그중 한 명은 '한국 이대
로 괜찮겠니'라며 걱정하는 눈치였다"라는 식으로 글을 쓰는 것
이다.

이런 글들의 행간에서 '진실을 알리고 싶다,' '한일관계를 호
전시키고 싶다'라는 한국인도 분명히 존재한다는 사실을 읽어 주
길 바란다.

마무리를 하며

나는 한국인에게 묻지 않을 수 없다.

"이것이 당신들이 원했던 대한민국인가?"

탄핵 발의와 파면 그리고 대통령 선거는 그 나름 민주주의에 입각한 절차였다. 당연히 유권자의 선택이 작용한 셈이다.

그로부터 2년이 지나 이제 눈앞에 보이는 현실에 대해 냉정하게 마주할 수 있는 시기가 온 것이 아닐까. 적지 않은 한국인들이 그렇게 생각하고 있기를 기대한다.

어찌 보면 문재인 정권의 실정이 한국의 오랜 역사에 긍정적인 도움이 될 수도 있겠다.

다섯 가지로 정리하면 이렇다.

○ 이념과 정의만으로는 국민을 행복하게 하는 정치는 할 수 없다.

○ 자신의 편의만 생각하는 정치인을 믿어서는 안 된다.

○ 변명만 하고 무능한 정치인을 지도자로 뽑아서는 안 된다.

○ 말 바꾸기를 하는 정치인을 믿으면 안 된다.

○ 현실을 돌아보지 않는 대통령에게는 기대를 할 수 없다.

이것은 보수냐 진보냐의 문제가 아니라 정치인의 자질, 수준의 문제인 것이다. 이 중요한 원칙들을 체감할 수 있다면 현재의 산전수전도 미래의 약이 될지도 모른다.

군사정권을 거치면서 민주주의를 획득한 한국인들은 이제 문 정권을 선택한 책임을 져야 한다. "촛불혁명으로 탄생한 정부이므로 틀림이 없다"라고 대통령은 큰소리치지만, 그것은 그렇지 않다. 민주주의의 결과로 태어난 정권을 검증하는 것은 유권자이다. 그것이 가능할 때 비로소 성숙한 민주주의인 것이다.

유감스럽게도 현재의 문재인과 진보정권 지지자들은 그러한 민주주의의 검증 과정을 "우리들이야말로 민주주의다"라며 오히려 파괴하고 있다. 이는 결국 조선 시대의 권력투쟁과 다를 바 없고 제멋대로인 재벌 가문과 권리를 탐하는 노조들과도 다르지 않다.

유권자들은 사실을 잘 알지 못한 채 이전에 자신들이 쟁취한 민주주의를 배신하는 정권을 지지하고 만 것이다. 이런 구조를 검증하고 반성해야 한다. 지금이라면 아직은 늦지 않았다.
그리고 일본은 시시비비를 가리며 주장해야 할 것은 주장하면서 이웃인 한국의 미래를 지켜봐 줬으면 좋겠다.

현재의 냉랭한 한일관계가 성숙한 민주주의 국가 한국 탄생의 아픔으로 기억될 수 있는 날이 오기를 바랄 뿐이다.

2019년 7월

전 한국주재 특명전권대사

무토 마사토시(武藤正敏)

역자 후기

　2017년에 발간된 무토마사토시(武藤正敏) 전 대사의 저서 『한국인으로 태어나지 않아서 다행이다』의 번역을 완료해 놓고도 출판사를 찾지 못하고 2년이 흘렀다.

　금년 5월 말 우연히 비봉출판사의 박기봉 사장을 만날 기회가 있어 그런 이야기를 했더니 번역 원고를 한번 봤으면 좋겠다고 하여 보내드렸다.

　박 사장은 그 책을 번역 출판할 의사가 있다고 하여 오랜만에 무토 대사와 연락하여 그 뜻을 이야기했더니, 그 후속편으로 새로운 책 『문재인이란 재앙』의 출판도 거의 완성 단계에 있으니 그것도 함께 번역 출판하면 어떻겠냐는 제안이 왔다.

　이 책의 제목도 한국인들에게는 거부감이 있겠지만 진실을 알리는 것이 무엇보다도 중요하다는 것이 박 사장의 의견이었으므로 이 책도 출판하게 되었다.

　2년 전에 출판된 『한국인으로 태어나지 않아서 다행이다』란

책은 일본에서는 베스트셀러로 한동안 출판계의 화제가 되었고, 한국에서는 번역판이 출판되지 않았음에도 불구하고 원서 그대로 읽은 독자들이 많아 주로 SNS 등을 통하여 화제를 불러일으키기도 하였다.

독자들의 일반적인 반응은 책 제목에는 거부감이 있었지만 내용을 자세히 들여다보면 사실관계를 있는 그대로 솔직하게 기술한 점이 마음에 들고 저자의 의도가 한국에 대한 혐오감에서라기보다 한국을 아끼는 마음을 담고 있다는 것이었다.

『한국인으로 태어나지 않아서 다행이다』에서 저자는 문재인 정권의 실체에 대하여 예리한 분석과 전망을 전하면서 북한 위주의 대북정책으로 인한 한국의 국제적인 고립과 한·미·일 3각 협력 관계 약화 가능성, 그리고 경제 불안정 등 국정 전반에 걸친 문제점을 구체적으로 지적한 바 있었다.

역자는 그동안 문 정권 2년 반을 지켜보면서 정세의 흐름이 그가 지적한 대로 전개됨을 목격하고 새삼 그의 통찰력을 높이 평가하였다.

그가 본서를 저술하게 된 것은 한국의 정세가 그가 예측한 것보다 더 빠른 속도로 악화되고 있기 때문에 왜 그런 차이가 생겼을까를 새로운 각도로, 그때와 지금의 상황을 비교 검토할 필요를 느끼게 되었다는 것이 그의 고백이었다.

앞서 쓴 책(前著)에서 문재인이라는 정치인을 만나보았던 소감
으로 그는 "한반도 정세가 북한을 중심으로 돌고 있다"라는 시각
을 가지고 있으며, 한·일 관계에 관해서도 오로지 일본이 북한과
의 관계를 어떻게 풀어나갈지에만 관심이 있었음을 토로한 바 있
다.

그는 이러한 판단을 근거로 아마도 문재인 정권하에서는 한국
이 한·일 관계를 긴장시키고 미국에 대하여도 반미 색채를 띠면
서 한국 외교가 서서히 또는 급진적으로 국제적인 고립을 면하기
어렵게 될 것으로 예측하였다.

경제적으로도 반(反)시장적인 정책을 추진함으로써 한국경제가
퇴조를 면하기 어려울 것으로 내다보았다. 지난 2년 반을 되돌아
볼 때 무토 대사의 예측이 적중하였음은 우리 모두가 인정하지 않
을 수 없다.

새 책에서도 그는 문재인 정권을 강력히 비판하고 있지만 도처
에 한국인들에 대한 애정이 스며들어 있다.

그는 대한민국의 지정학적 위치나 지난 70년 동안의 역사를 되
돌아보면서 한국과 일본이 함께 나아가야 할 길은 한·미·일 삼각
협력을 더욱 강화해 가는 것이며, 따라서 북한과 중국과의 연대를
추진하는 문재인 정권에 대하여는 한국과 일본 국민이 힘을 합쳐
이를 단호히 거부해야 한다는 점을 특히 강조하고 있다.

앞의 책에서도 언급했지만, 오늘날 한국 사회를 짓누르고 있는 가장 심각한 문제는 우리 사회의 거의 모든 영역에서 거짓을 진실로 호도하여 혹세무민하는 풍조가 넘치는데도 이를 무비판적으로 수용하고 있으며, 이를 시대적인 조류로 착각, 본능적, 감성적으로 휩쓸려가는 극히 비정상적인 사회분위기라고 생각한다. 그런 의미에서 이 책은 진실에 기초하고 있다는 것을 다시 한번 강조하고 싶다.

이 책이야말로 한국에 살면서도 자기 나라의 실상을 제대로 알지 못하는 사람들을 위하여 번역 출판하려고 했는데, 비봉출판사의 박기봉 사장이 이를 흔쾌히 수락함으로써 빛을 보게 되었다. 박 사장의 용단에 경의를 표하고자 한다.

2019년 11월   일

이재춘